JN437133

허공의 메아리

허공의 메아리

양 경 한 제12시집

도서출판 천우

● 시인의 말

등단한 지도 어언간 40년이 넘었습니다. 아직도 시가 어려워서 잘 써지지 않습니다.

좀 더 시를 잘 써야겠다고 몇 번이나 다짐했지만, 뜻대로 잘되지 않는 것이 시라고 생각합니다.

12번째 시집을 발간하게 되어, 한 편으로는 가슴이 설레지만 책임감이 양어깨를 짓누릅니다.

시에 대한 고민을 무릅쓰고, 12번째 시집 『허공의 메아리』를 펴내게 되었습니다.

시를 사랑하고, 시를 가까이하고 시를 즐기는 사이에 나도 모르게 시에 흠뻑 빠졌나 봅니다.

무엇보다 작가는 작품으로 말하는 것입니다. 아무리 등단을 한지가 오래되어도 작품이 좋지 않으면 작가의 생명은 짧게 마련입니다.

열심히 글을 쓰는 가운데 좋은 작품이 탄생되리라고 생각합니다. 끊임없이 생각하고 무딘 펜을 갈고 닦을 때 불멸의 작품은 탄생되리라 확신합니다.

시의 눈으로 세상과 인생을 바라보고 또 생각할 수 있기를 바라는 마음 간절합니다.

비록 조그마한 시집이 여러분이 시를 가까이하고, 시를 사랑하는 마음에 도움이 된다면 큰 보람이요, 희망입니다. 앞으로 더 좋은 작품으로 여러분 앞에 설 것을 굳게 약속드립니다.

2020. 4.
환희에 찬 봄날에
양 경 한

제1부

세월의 길목에서

제2부

작은 것이 아름다울 때

제3부

탕자가 돌아왔습니다

제4부
그리운 이름들

제1부

세월의 길목에서

호두

단단한 껍질을 돌멩이로 두들겨
벗겨내면
수줍은 알몸을 드러낸다
알몸이 세상에 나오는 것이 부끄러운지
웅크리고 있다

웅크린 속살을 하나씩 꺼내어
입속에 넣고 깨물면
고소한 맛을 잊을 수가 없어서
자꾸만 손이 간다
또 껍질을 두들겨 벗겨낸다
상처 난 껍질에서 흘러나온 아픔의 눈물이
내 손을 질퍽하게 물들인다

뽀얗고 부드러운 속살을 입속에 넣고 깨물면
고소한 맛을 혀가 먼저 알고
개구쟁이처럼 날름날름거리면서 입맛을 돋운다

가을이 나뭇가지에 걸려 떨고 있는 어느 날
마당 가에 서 있는 호두나무의 열매를
볼 때마다 고소한 맛을 떠올리면
어느새 침이 입속을 흥건히 적신다

비누

어두컴컴한 세면장 구석에서
시린 몸을 웅크리고 앉아있다
닳아버린 몸 위에 주름진 손의
체취가 흥건하게 적시고 있다

수많은 사람들의 손금 사이로
거품 부풀리면서 미끄러져 내리는 아픔이
가물가물 감겨오는 눈꺼풀 같은
물속에 안개처럼 풀어헤친
질퍽한 생애가 누워있다

비늘 같은 세월의 더께가 켜켜이
벗겨지면 어느새 너의 몸에는 움푹 파인
흉터 같은 아픔이 앓아누워있다

물기 스치는 손길에도 부끄럼을 타는 너는
동글었던 몸은 점점 야위어져
닳고 닳아 무늬마저 지워지고
뒤틀려 갈라진 깡마른 몸 위에
차가운 세월이 웅크리고 있다

점령군처럼 밀려드는 물은
얼룩진 아픔으로 축축이 스며들어
부글부글 끓는 너의 속마음을
부채질하고 있다

청국장

콩들을 가마솥에서 푸욱 삶는다
거추장스런 껍질을 훌훌 벗어버리고
알몸으로 누워있다

삶은 콩들을 항아리 속에 넣고
뜨끈한 방 아랫목에 놓아둔다
서서히 콩들이 분해가 시작된다
생각과 기억이 빛바랜 낮달처럼
희미해지듯 콩들의 온몸이
봄눈 녹듯이 흐물흐물 무너져 내린다

이윽고 온몸에서 진물이 흐르고
악취가 욕망에 절인 코를
연신 벌름거리게 한다
하얀 실핏줄들이 날줄과 씨줄처럼
얽히고설켜 상처를 칭칭 감고 있다

찌든 체취가 질척하게 스며들고
고초균이 버짐처럼
켜켜이 번진 곳마다
흐릿한 기억마저 빛바래져

짓물러지고 짓이겨진 세월의 얼룩진 아픔이
온몸을 적신다

불 위에서 흥건히 젖어 드는 열기로
질펀하게 우러나 사람들의 입맛을 돋운다

주름꽃

세월의 더께가 버짐처럼 머문 자리마다
주름꽃이 피었다
내 몸에는 주름꽃이 피고 진
흔적이 남아있다

긴장의 끈이 느슨해진 곳마다
주름이 얽히고설켜있다
주름진 몸을 옷으로 감추고 진실을
외면한 채 마치 거북등처럼
세월에 질퍽하게 절여져
어느새 내 손등에는 검버섯이 돋고
얼굴에는 저승꽃이 피었다

세월의 더께가 쌓일수록 내 몸이
스스로 긴장을 푸는지 외형은 물론
심지어는 몸속 내장까지 주름꽃이 핀다

늙은 고목처럼 주름으로 뒤덮인 내 몸은
시간에 뒤채였고 새들새들 곯아
말라비틀어진 사과 같은 흔적을 남긴다
주름이 생긴다는 것은 팽팽히 잡고 있던
긴장의 끈을 놓아버리는 것이다

베란다 광주리에 사과가
시간에 뒤채이더니 어느새 새들새들 곯았다
쪼글쪼글해져 굳은살처럼
주름으로 뒤덮인 사과
칼이 잘 들어가지 않는다

말라비틀어지고 쪼글쪼글해진 사과가
긴장을 풀고 있으면
단내를 풍기는데
나는 단내는커녕 세월에 질퍽하게
절여진 삶의 냄새로
욕망에 절인 코가 연신 벌름거린다

어느 구두 수선공의 삶

낡고 빛바랜 세상에 밀린 자리마다
어둠의 그림자가 웅크리고 있는 신발을
무릎에 얹어놓고 손으로 잡고
본드를 바르고 망치로 두드려 새롭게
태어나고 있다

빛바랜 세월의 더께가 버짐처럼
번진 주름살 투성이인 구두가
수선공에 의하여 새롭게
변신을 거듭하고 있다

뒤틀리고 갈라진 상처들로 켜켜이 쌓인
비늘 같은 흐릿한 기억들을 털어낼 때마다
낡은 구두에 새로운 생명을 불어넣고 있다

세월에 닳고 닳아 손금마저 지워진
뭉툭한 손마디마다 툭툭 불거진 힘줄이
헐거운 생을 잡고 있다

어깨에는 옹이가 군데군데 흉터처럼
드러난 채 시간의 나이테가 쌓여있고
시계추처럼 축 늘어진 팔에
생의 무게가 나른하게 감겨올 때마다
얼룩진 세월의 아픔이 무겁게 짓누른다

하현달

하늘에 덩그러니 입술만 그려 놓았다
차마 하지 못한 말은
입술에 머금고 있다

온 누리가 어둠에 잠기는
그믐 새벽이 되어야
사뿐히 나타난 너의 입술을 볼 수 있다

입술을 물끄러미 보고 있으면
보릿고개 시절 핏기없는 어머니의
가냘픈 입술이 살며시 떠오른다

애지중지 기른 자식들을 위하여
허리띠를 졸라매면서
허기진 배를 달래느라
축축한 눈물로 얼룩진 세월의 아픔이
꼬부라진 등 위에 질펵하게 누워있다

하늘 한쪽에 쭈그리고 앉아있는
푸시시한 입술이
그리움으로 내 마음을
흥건하게 적시고 있다

섬이 된 사람들

디뎌도 발가락 자국이 찍히지 않는다
발등에다 고무신을 신어도 헐거워
신짝만 질질 끌고 가는 소리 들린다
짚어도 손가락 자국이 찍히지 않는다
발가락이 없는 박씨 아저씨도
손가락이 떨어진 순자 할머니도
서로 의지하면서 살아가고 있다

저 멀리서 뱃고동 소리 밀물처럼 차오르면
고향에 대한 그리움을 가슴에 묻고
낮달처럼 세월에 밀려난 마음이
일그러진 얼굴 위로
한 서린 눈물이 번진다

세월의 그림자가 마른 꽃대 사이로 스치는
눈먼 바람처럼 서걱거리며 지날 갈 때마다
애달픈 마음을 질퍽한 눈물로 달랜다

갯벌에 햇빛이 수은처럼 굴러다니는
오후가 되면 넋 잃은 사람처럼
멍하니 가물 가물거리는
육지를 우두커니 바라본다

빛바랜 그리움이 마음에 축축이 젖어 들어
바닷물 같은 퍼런 슬픔이 쌓일 때마다
우묵한 가슴에는 망부석같이 굳어버린
섬이 군데군데 씹히는 아픔이
앓아누워있다

보름달이 떠오르는 밤마다
찰랑거리는 바닷물에 그리움을
편지하듯 띄워놓으면
축축한 눈물이 돌덩이처럼
메마른 가슴을 질퍽하게 적신다

재첩 파는 누나

재첩을 파는 누나가 있었다
멍에처럼 따라다닌 항아리를 머리에 이고
재첩 국물이
발자국마다 고이는
시간의 간수로 묻어난다

재첩 국물로 얼룩진
항아리를 무슨 보물인 양
머리에 이고 비가 오나 눈이 오나
거리를 누비는 해바라기처럼
목이 휘어진 누나의 생

재첩의 주름살처럼
깊게 파인 가난의 굴레 속을
헤매고 다녔다

항아리에서 재첩이 퉁퉁 불어 오르는 것처럼
누나의 다리가 퉁퉁 부어오를 때마다
파스를 붕대처럼 감은 지난날들의
빛바랜 세월의 그림자가
발목을 질퍽하게 적시고 있다

팔다 남은 재첩 국물이
세월의 아픔으로 흥건하게 젖어 들듯
누나의 헐거운 생이
재첩 국물처럼 후줄근하게 절여지고 있다

재첩을 걸러내느라 물살에
휩쓸려 살았던 누나의
질곡 같은 삶이
물 위에 질척이며 젖어 들고 있다

제방이 삼켜버린 갯벌

갈매기 쉰 울음소리 안개처럼 퍼진다
을씨년스런 바람이 썰물처럼
훑고 지나가면 갯벌은 검은 그림자로
시름시름 열병을 앓는다

꼬마 게들의 탈출로 휑한 갯벌은
여인의 가슴처럼 우묵한 곳마다
빈 조개의 무덤들이 섬처럼 박힌다

파도는 안타까운 마음에 제방을
기웃기웃 훔쳐보다가 퍼렇게 멍든 가슴을
안고 술렁이고 있다

버짐처럼 시간의 더께가 켜켜이
번진 곳마다 깊은 침묵의
무게로 가라앉고 있다

얼룩진 세월의 상처가 앓아누워있는
갯벌은 한 폭의 낯선 풍경화로 걸려있다

욕망에 절인 코를 연신 벌름거리면서
갯벌을 바라보는 사람들의 마음을
멍에처럼 짓누른다

비무장 지대

지루한 환각이 스쳐 지나간 늪이다
쓰러진 고사목 위로 빛바랜 세월의
더께가 버짐처럼 번지고 있다

오랜 세상과 단절된 시간이
질퍽하게 누워있다
도처에 깔린 지뢰의 삼엄한 눈
생각만 해도 눈앞이 아찔하다

팽팽한 긴장감
한 치 앞도 벗어날 수 없는 경계의 눈초리
초조와 불안이 엄습할 때마다
낮은 숨소리 적막을 흔들 뿐이다

녹슨 철조망에 찢긴 야생의 혓바닥처럼
세월의 아픔이 질척이며 젖어 든
폐쇄회로 같은 땅은 민족의 단절이지만
생태계는 결합의 띠이다

아슴푸레한 눈빛과 질척이는 발자국 소리
고요를 깨운다

오래된 이발소에 가면

간판이 낡아 안개 같은 희미한
흔적을 붙들고 있다
초점 흐린 불빛이 새어 나온다
후줄근한 세월의 얼룩진 편린들이
질퍽하게 스며든다
굵은 주름으로 뒤덮인 마른 모래 같은 손으로
내 더벅머리를 벅벅 긁어 주던 곳
구정물 같은 흐린 유년의 기억들이
그리움으로 묻어난다
빛바랜 물건들이 세월에 밀려난 낮달처럼
시간을 베고 누워있다
벽에 걸린 야한 그림을 곁눈질로 훔쳐보다가
서로 들켜 벌린 입을 다물지 못한 사나이들의
웃음을 흘리던 곳
값싼 향수 냄새에 절인 코를 연신 벌름거린다
어머니께서 들에 나가 일을 하시는 아버지께
점심때를 알리기 위하여
굴뚝에 연기를 모락모락 피우듯
정겨운 풍경이 되살아난다
세월의 빛바랜 더께가 점령군 깃발처럼
여기저기 자리를 넓혀가고 있다

낡은 풍금

먼지가 뽀오얗게 비듬처럼 내려앉은
마호가니 뚜껑
더덜거림으로 더 이상 연주의 바람이 될 수 없어
빛바랜 기억을 베고 누워있다

덩그렇게 껍질만 남은 너는 마음의
추억 속 소녀 같다
내 영혼의 황홀한 울림으로
흰건반 위를 오르내리면서 가슴 설레던
가녀린 손길은 세월의 그림자로 걸려있다

인기 떨어진 무명가수처럼
화려한 박수갈채를 받던 지난날들을
그리워하고 있다

오래된 구석진 한쪽에 무슨 짐승처럼
웅크리고 있는 낡은 풍금
세월에 밀려난 낮달처럼
흐릿한 기억마저 빛바래져 가고 있다
여기저기 시간의 더께가
버짐처럼 자리를 넓혀간다

세월의 길목에서

내 나이가 단풍 들어 가을인 줄 알았는데
벌써 낙엽이 떨어지는
겨울의 찬바람 소리 귓전을 스친다

돌아보면 살아온 날보다
살아갈 날이 적은
내 인생의 삶의 길목마다
기도하는 마음으로 살아가련다

모시풀 짓이긴 듯 시퍼런 날들은
어느새 지나가 버리고
단풍처럼 곱게 물들인 날들도
낙엽 되어 떨어진다 해도
슬퍼하거나 노여워하지 않는다

지난날들을 돌아보면
이성으로 산 날보다
본능으로 산 날들이 더 많다
남보다 더 많이 가지려고 허둥거리다가
너무 많은 것을 잃어버린 날들이
멍에처럼 가슴을 짓누른다

새로운 생명의 잉태(孕胎)를 위해
낙엽 되어 떨어져
시간의 더께가 켜켜이 쌓여간다

뒤틀리고 갈라진 상처들로
낮달처럼 풍화되어가는
나 자신을 발견한 날들이
세월의 아픔으로 홍건히 젖어 든다

우물 치는 남자

짙푸른 침묵을 채우고 있는 우물
갈기 세운 포말들이 제자리에서 머물다
흘려보내지 못한
시간의 더께가 켜켜이 쌓인다

고향 집 흙담 곁에 고요로 멈추어선 우물
물을 퍼 올리다 두레박줄이 끊긴 자리
우물 둘레에는 황망히 뒤엉킨 잡초들로
무성하다
올려지고 내려지다 시신경이 눌린 곳
깜깜한 어둠이 가득 고여있다
한때는 여름을 헹구어 내던 곳이
이제는 아픔이 포물선처럼
그려졌다 사라진다

야윈 어깨의 아픔을 가누면서
거친 물결 미끈거리는 이끼 낀 돌벽에
부딪치는 두레박의 거친 숨결 소리 따라
남자는 늘 가슴에 채우고 채우던 욕망의
어두움을 걸러내듯 우물 속 냉기를 휘젓고
질퍽한 세월의 더께를 비늘처럼 털어내고 있다

시간의 때를 축적한 곰삭은 우물은
무겁게 짓누르던 싸늘한 세월의 아픔이
웅크린 곳마다 새로운 물갈이의 흔적으로
푸른 달빛의 투명한 숨결처럼
하얗게 펴 올리는 소리
여명에 나래 친다

물소리

졸졸졸 시냇물이 실타래를 풀고 있는 소리에
풀잎 따서 작은 그리움 하나
편지하듯 띄워 보낸다

철썩철썩 각지고 모난 소리는
분명 돌에 부딪히는 물이
빚어내는 소리이다

또랑또랑 저 긴 강의 짙푸른
생명의 젖줄이 되는 소리이다

후드득후드득 갈기를 세워 달아나는
말발굽 소리 같은
흰 포말들을 휘날리는 소리로
차마 다 삼키지 못한 아픔을
앓는 신음의 소리이다

각종 소리들이 녹고 함께 어울려서
저 긴 강의 푸른 강물이 서로 어깨동무를 하면서
침묵을 깨우는 소리로
몸을 풀고 있다

푸드덕푸드덕 식었다 끓었다를 반복하면서
온종일 내 마음의 솥은
뜨거운 밥물이 끓어 넘치듯
삶에 흥건하게 젖어 드는 소리로 가득하다

무너지다

삶의 무게를 질질 끌고 오다가
한순간에 무너질 때
삶도 절정에 달한다
고래 심줄처럼 질긴 할머니의 해소 기침 같은
파도가 끌고 온 제 무게에 겨워
끝없는 물결 소리로 무너질 때
파도도 절정으로 치닫는다
평원에 피어있는 갖가지 들꽃들이
일제히 쏟아지는 하늘의 별빛처럼
가냘프게 떨어져 무너질 때
마침내 중심이 절정에 들어서고 있다
서로의 마음의 벽이 무너질 때
평생 품고 다녔던 칼을 버릴 수 있는
믿음이 절정에 이르게 된다
인간들이 쌓은 욕심의 바벨탑이 무너질 때
본능으로 살지 않고
이성으로 살아갈 절정의 계기가 된다
모든 무너지는 것들은 간절함으로 인하여
절정에 치닫게 된다

세월에 밀려난 밥통

뚜껑이 하마 입처럼 벌린 채 버려진 밥통
따스한 온기를 간직한 일용할 양식들은 간곳없고
메마른 생이 누워있다
늦은 밤 집으로 돌아와 으스스 몸을 떨면서
밥통의 바닥을 긁던 숟가락이 지나간 자리마다
허기를 달래던 빛바랜 흔적이
거미줄처럼 남아있다
끓어 넘친 밥물 자국들이
눈물처럼 희미한 기억을 베고 누워있다
수천 번 속으로 뜨겁게 뒤집었던 몸의 열기를
다 비우고 싸늘한 세월이 웅크리고 있다
질척이는 빗소리에 메마른 생이
흥건히 젖어 들고 있다
빛바랜 낮달처럼 세월에 밀려난
얼룩진 아픔이 축축이 스며들어
비늘 같은 시간의 더께가 켜켜이 쌓여간다

허공의 메아리

뜬눈으로 온밤을 지새우며
목놓아 불러도 불러도 대답 없는 메아리만
허공을 맴돌 뿐이다

부르다 부르다 지친 넋들이여
가슴에 사무친 한(恨)을
누가 달래줄 것인가

땅이 꺼지고 하늘이 무너지는 슬픔의 절규가
썰물처럼 가슴을 훑고 지나간다
어린 꽃봉오리들을 앗아간 퍼런 바닷물을
바라볼 때마다 가슴 한쪽이 시려온다

퍼런 원한을 가슴에 품고
애타게 부르짖는
애절한 절규가 들리지 않는가

어린 꽃봉오리들이 흘린 눈물이
팽목항 맹골수로에 밀물처럼 밀려올 때마다
그리움에 가슴이 사무치고 있다

뒤틀리고 갈라진 목줄기를 움켜잡고
피고름 짜듯 괴로워하는 세월의 얼룩진 아픔이
질척이는 비처럼 흥건히 젖어 들고 있다

뭉크덩한 핏덩이를 꾹꾹 누르면서
뒷목덜미가 서늘해지도록 울음을 토하는
울음소리가 우묵한 가슴에 옹이처럼
군데 군데 섬이 되어 괴롭힌다

가슴속에서 불덩이 같은 아픔이
목구멍으로 치밀어 올라올 때마다
얼굴이 시뻘겋게 달아오르고
부글부글 끓어서 치솟는 불기둥 같은 한(恨)을
땅을 치면서 목놓아 울부짖는 울음으로
마음의 응어리를 되새김질하듯
삭이고 또 삭인다

빛바랜 기억력

우리는 사기그릇에 밥 담아 먹고
어머니는 알루미늄 양재기에
밥을 담아 먹는다

우리는 나이가 들어도 기억력은 생생한데
어머니는 빛바랜 기억력으로
안갯속을 헤매고 있다

세월의 나이테가 쌓일수록
희미해지는 어머니의 기억력이
안타까울 뿐이다
오래도록 알루미늄 양재기에다 밥을 담아 먹어서
기억력이 희미해지는 것이 아닌지
은근히 걱정이 앞선다

때로는 부뚜막에 앉아 알루미늄 양재기에
찬밥 한 덩이로 대충
끼니를 때운다

식구들 다 먹이고
어머니는 알루미늄 양재기에 눌은밥으로
대충 끼니를 때운 날들이 많았다

아버지가 화내고 자식들이 속 썩이면
끼니도 거르고 한밤중 자다 깨어
방구석에서 한없이 소리 죽여 훌쩍거리면서
울던 어머니의 모습이 빛바랜 기억의
언저리를 안개처럼 스멀거린다

쭈그러지고 세월에 질퍽하게 절여진
알루미늄 양재기를 볼 때마다
어머니의 얼굴이 그리움으로 얼비친다

폐가

거미줄이 바람에 그네를 타고
고요가 비늘처럼 쌓여있는 집
쇠스랑 같은 을씨년스러운 기운이 감돌고 있다

켜켜이 쌓인 시간의 더께로 양철지붕은
하마처럼 입을 벌린 채 바람에 울부짖고
불길이 사라진 빛바랜 아궁이는
싸늘한 아픔이 웅크리고 있다

온몸으로 집을 떠받치던 대들보는
오랜 세월 골다공증으로 허리가 휘어지고
추녀 아래 필라멘트 끊긴 백열등은
세상의 빛으로부터 밀려나 아픔을
삭이고 있다

알몸을 드러낸 주춧돌은 온몸으로 기둥을
붙잡고 힘에 겨워 주저앉고 있는데
주인 떠난 폐가 텅 빈 어둠의 상처를
다독이듯 푸른 달빛의 시린 어깨가
몰락의 시간 속으로 기울고 있다

이끼처럼 점점 영역을 넓혀가는 씨족사회 속에서
타성바지 틈에 끼여
세월의 비바람에 억새처럼 부대끼면서
끝까지 홀로 남은 폐가
내 마음의 버팀목으로 기억의 편린들이
세월의 나이테처럼 켜켜이 쌓여간다

소쩍새가 된 사나이

흰머리 듬성듬성한 지친 중년의 사나이는
밤마다 홀로 베갯머리 껴안고
멍하니 천장을 바라본다

소쩍새는 짝이 그리워 울고 있다
소쩍소쩍 소쩍새 울음소리에
마음이 울적해 온다
떠나간 아내를 그리워하는 밤마다
구슬픈 소쩍새 울음소리에
애달픈 마음을 흥건한 눈물로 달랜다

밤마다 울어대는 소쩍새 울음소리에
쓸쓸함이 어둠처럼 내려앉고 있다
사나이는 눈을 껌벅일 때마다
서러움이 질퍽하게 묻어난 아픈 눈물을
질척이며 삼키고 있다

자신도 모르게 소쩍새 울음소리에
응어리진 마음의 문을 활짝 열고
허공을 향해 한 마리 소쩍새가 되어
오늘 밤도 목놓아 울부짖는다

애달픈 소쩍새 울음소리에
잠 못 이루는 밤은 깊어만 간다
소쩍새 울음소리가
그림자처럼
어둠을 흥건하게 적시는 밤마다
사나이는 빗물 같은 눈물로 아픈 가슴을
쓸어내린다

향나무 우물터

마지막 힘까지 비틀어 올리는 저 향나무의 몸짓이
마치 굵은 동아줄처럼 꼬여있다
둥글게 땅이 트인 달무리 같은 우물이 있던 자리
이곳은 한때 사람들의 중심인 젖줄이었으나
이제는 세월에 밀려난
할머니의 말라버린 젖무덤처럼 자취뿐이로다

우물은 간곳없이 사라지고
몇 겹인지 모를 시간의 더께만 켜켜이 쌓여
새까맣게 썩어간 우물이 있던 자리에
두레박이 퍼 올려지고 내려지던
환영들만 안개처럼 스멀거린다

투명한 숨결처럼 하얗게 퍼 올리고 내리던 꿈들이
새로운 물갈이의 충격으로
모두 빼앗긴 젊은 날의 물빛 가슴은 사라지고
캄캄한 시간 비틀어 올리는 쭈글쭈글한
세월의 아픔을 베고 누워있는 향나무 한 그루
갈증의 덫에 걸려 허덕이고 있다

제2부

작은 것이 아름다울 때

돌절구 1

곡식을 찧는 돌절구가 세월에 밀려나
무슨 짐승처럼 마당 구석에 웅크리고 있다

움푹 파인 흉터 같은 세월의 아픔이
싸늘하게 적시고 있다

곡식을 찧을 때마다 허기진 배를
절굿공이로 두드리면서
질퍽한 눈물로 달래느라
얼룩진 상처가 앓아누워있다

무딘 절굿공이에 몸이 닳고 닳아
무늬마저 지워진 깡마른 돌덩이가
마음을 무겁게 짓누른다

우묵한 가슴처럼 둥글게 파인
돌절구에 가난으로 얼룩진
어머니의 질곡 같은 삶이
생의 고달픔으로 흥건하게 적시고 있다

찔레꽃 피는 풍경

봄비가 야들야들한 찔레순을 감싸려다
그만 날카로운 가시에 찔려
가냘픈 눈물을 왈칵 쏟아놓고 도망가 버렸다

이슬에 젖은 함초롬한 찔레꽃이 피면
배가 고파 찔레순을 따먹어서
꽃샘추위에 새파란 미나리 같은
누나의 입술에 번진 가냘픈 웃음이
내 기억의 언저리를 맴돈다

하얀 찔레꽃을 볼 때마다
마른버짐이 켜켜이 번져
낮달 같은 핼쑥한 누나의 얼굴이
눈앞에 아른거린다

누나가 내 곁을 지켜주지 못하고
홀연히 저세상으로 떠나버린 날
허전한 내 마음 기댈 곳 없어서
쓸쓸함이 어둠처럼 내려앉았다

누나가 보고 싶어 사진을 꺼내놓으면
무수한 상념이 한 마리 새처럼
상상의 날개를 펼 때마다
그리움의 눈물이 밀물처럼 질펀하게
내 마음을 저민다

찬비에 젖은 머루 같은 열매들이
누나의 눈망울처럼
눈앞에 어룽거릴 때마다
누나 생각으로 축축하게 젖은 가슴을
흔들고 지나간다

버려진 손

공사장 인부가 벗어놓고 간 목장갑 한 켤레
상처가 터진 자리
촘촘했던 올이 풀려 그 생은 헐겁다

붉은 손바닥 굳은살처럼 박혀있던 고무도
세월에 삭아 떨어지고
터진 구멍 사이로 뭉툭한 손이 있던 자리
땀으로 찌든 체취가 앓아누워있다

각목의 거칠게 인 나무 비늘과
출렁이던 철근의 싸늘한 감촉의
기억을 베고 누운 곳마다
웅크린 상처로 얼룩져있다

모래처럼 흩어지던 수많은 날들이
한 장 한 장 벽돌을 쌓아 올리던 손
뒤틀리고 갈라진 상처들로
낮달처럼 풍화되어 가는 세월의 아픔이
질척이며 스며든다

툭툭 불거진 힘줄에 헐거운 생을
부여잡은 싸늘한 손에 외로움이 웅크리고 있다
한때는 뜨거운 생이 지나간 흔적이
남아있는 손 한 켤레
모래 위에 버려져 불어오는 바람에
몸을 뒤척인다

틈

처음엔 너무나 아귀가 잘 맞아서
좋은 궁합이었던 문틀 사이가
어느새 틈이 벌어졌다
화해가 먹혀들지 않는다
둘 사이를 힘껏 끌어당겨도
재결합하지 않는다
오랜 세월이 부리는 심술로
틈새가 사납다
동지섣달 냉기가 솔솔 들어온다
천년 누대(樓臺)를 받쳐온 종탑도
수백만 년 견뎌온 저 산 암벽 덩어리도
결국엔 균열이 가고
틈이 벌어져
서로 멀어질 수밖에 없다
하늘에도 틈이 벌어진다
별똥별이 떨어진다
젊은 날 인연으로 만났던 부부도
시간이 밀어내고 있는
슬픈 틈새로 등을 돌리고 있다
영원히 함께하는 것은
이 세상에 아무것도 없다

힘겨울 때마다

어둠의 발자국 따라
바람이 건너오던 큰 울음소리
꺼어이꺼어이
하늘로 올라가던 날

늘 거기 그 자리에 있다고
태무심하던 마음인데
은행나무 같은 큰 버팀목
쓰러진 자리를 볼 때마다
가슴이 찌잉하다

어머니의 치맛자락을 잡은 아이처럼
편안한 마음으로 지낸 날들이
엊그제 같은데
돌덩이 같은
무거운 믿음이 허무감에 젖어 든다

큰 나무 없는 어린 묘목들
거친 비바람에 젖은 참새들의
지저귐이 힘겨울 때마다
아버지가 그리운 얼굴로 떠오른다

동그란 우물

작은 채마밭을 가꾸게 되었다
씨앗을 뿌려 싹이 트고 쑤욱 쑥 자라
어느새 온통 푸른색으로 칠해놓았다

채마밭은 나와 벌레가 함께 공동으로
소유하고 있다
채마밭은 나와 벌레가 함께 쓰는
식탁이다

나와 벌레는 푸른 잎에 구멍을 만드는
일을 좋아한다
나는 식사 때마다 물컹물컹한 푸른 잎을
단단한 이빨로 짓이겨 구멍을 뚫고 있다
벌레도 푸른 잎에 깊고 넓은
동그란 우물을 파고 있다

푸른 잎에 동그란 우물이
깊고 넓어질 때마다
내 마음에도 깊고 넓은
동그란 우물이 파여진다

나와 벌레는 푸른 잎을 함께 공동으로
먹고 있다
벌레가 먹고 남은 푸른 잎은 내 차지이다
나와 벌레는 푸른 잎을 좋아하는
식성이 서로 닮았다

작은 것이 아름다울 때

졸졸 실타래를 풀고 있는
샘물이 조금씩 조금씩
제 몸을 흙 속에 스며들고 있다
나무들을 위해 샘물이 제 몸을
조금씩 조금씩 줄이는 일이
내 가슴을 아름답고 설레게 한다

개울을 흐르는 맑은 물이
흙탕물을 안고 조금씩 조금씩
제 몸을 섞을 때
저렇게 아름다운 것이
내 가슴을 칠 때가 있다

단 하루를 살기 위해
천 날을 물속에서 보내고
스무 번도 넘게 허물을 벗는
하루살이를 볼 때마다
저렇게 작고 연약한 벌레가
신비롭게도 내 가슴을 뛰게 한다

저 작은 것들이 햇살처럼 따사롭고
아름답게 가슴을 설레게 할 때
내게는 이 세상에서 가장 크고
거룩하게 보인다

푸념

겨울옷들이 개울가에서
어머니의 손길 따라 첨벙첨벙
멱을 감고 있다

세파에 찌든 때를 방망이로
내리친다
마음에 쌓인 근심 걱정까지
질퍽하게 흘러나온다

빨래를 쥐어짜는 손길을
흥건하게 적신 땟물 자국처럼
참았던 어머니의 아픔의 눈물을
분수처럼 쏟아낸다

아이구 내 팔자야!
서방 죽고 모진 세월 빨래처럼
쥐어짜인 내 신세

풍덩!
시냇물에 돌을 던지면서 화풀이하듯
쏟아낸 푸념들로
아픈 마음을 살짝 달래어 본다

할머니의 봄

아직도 을씨년스런 바람이 스치는 육교 위에
쪽머리를 한 할머니가 새장을 안고
난전을 펼친다

사람들은 엄지만 한 새가 물어준 점괘를
육교 위에 퍼질러 앉아
물끄러미 보고 있다
새에게 자기 운명을 맡기는 이곳은
인간이 새보다 작아 보인다

복채를 챙기는 웃음 띤 할머니의 얼굴에는
벌써 봄이 왔다
세월의 모진 풍파가 휩쓸고 간 상흔 때문일까
주린 배를 접어서 감춘 꼬부라진 등 위에
질곡 같은 생의 고달픔이 질퍽하게 누워있다

새장 안의 새는 점괘를 물어오느라 바쁘고
사람들은 새가 물어온 점괘에 웃고 떠들고
얼굴 찡그리는 진풍경이 펼쳐진다

육교 위를 썰물처럼 빠져나가는 사람들의
지친 어깨 위로 저녁 햇살이 눈시울을 붉히면
할머니도 발걸음을 옮긴다

육교는 할머니의 삶의 터전이며
새는 헐거운 생을 잡고 있는
할머니의 가느다란 끈이다

어머니와 무

시장에서 무를 사 왔다
딴딴한 근육질 같은 무에
집이 점령군처럼 점령당하고 말았다

무를 보니 갑자기 어머니 생각이
밀물처럼 밀려온다
내 어릴 때 간식거리로 무를 자주
깎아주시곤 하였다

자식처럼 품속에서 기른 어머니 같은
붉은 흙이 쉽게 잘 떨어지지 않는다
씻어도 씻어도 붉은 흙이
쉽게 떨어지지 않은 것이
마치 어머니와 자식 같은 생각이 든다
혈육의 정을 떼어놓기란
그리 쉬운 일이 아니다

붉은 흙은 무를 자식처럼 포근히 품고
아끼고 사랑하면서 비바람을 맞으면서까지
저렇게 튼실하게 키워 놓았다

무를 씻을 때마다 붉은 흙이 흘린 눈물이
마치 어머니의 눈물처럼
내 마음을 흥건하게 적시고 있다

가출 청소년들도 저 무처럼 따뜻하게
품어주었으면 잘 자랄 수 있었을 것을
생각하니 안타까운 마음이 든다
많은 가출 청소년들이
범죄의 온상이 되고 있는 현실이 슬프다

싱싱한 무를 한 입 덥석 베어 물으니
질퍽한 단물이 흘러내린다
붉은 흙이 봄부터 가을까지 얼마나
애지중지 품고 길렀으면
이렇게 달고 맛이 있을까

앉으나 서나 자식 걱정으로
안절부절못하던 어머니의 모습이
빛바랜 낮달처럼 어룽거릴 때면
갑자기 눈시울이 붉어지면서
나도 모르게 코끝이 시큰거린다

숫돌

등이 굽은 할머니처럼
마당 구석에 쭈그리고 앉아있다

움푹 파인 흉터 같은 싸늘한
세월의 아픔이 앓아누워있다

칼을 갈 때마다 허기진 배를
물로 달래느라 질퍽한 눈물로
얼룩진 아픔이 축축이 스며있다

무딘 칼날에 몸이 닳고 닳아
무늬마저 지워진
싸늘한 돌덩이가 멍에처럼
마음을 짓누른다

아버지의 휑한 눈빛이
그리움으로 걸려있는
등이 굽어 푹 파인 가슴처럼
닳아버린 숫돌 위에
옹이 박인 주름진 손의 체취가
흥건하게 누워있다

잃어버린 지문

흐릿한 기억을 베고 누운
시간의 더께가 비늘처럼
켜켜이 쌓여가는 아버지의 손

툭툭 불거진 힘줄에
헐거운 생을 부여잡은
온통 굵은 주름으로 결박해놓은
손마디마다 옹이가 박혀
찌든 체취가 앓아누워있다

생의 고달픔이 흥건하게 질척이며 스며든
닳고 닳아 뭉뚝해진 무지렁이 같은 손에
니코틴이 버짐처럼 번져가고 있다

쓰라린 동굴 같은 빈속을
담배 연기로 달랠 때마다
선명한 손도장은 어디로 가고
축축한 눈물로 얼룩진 생의 고달픔이
축 늘어진 팔에 나른하게 감겨온다

그림자로 얼비친 잃어버린 지문이
눈앞에 어룽거릴 때마다
싸늘한 세월의 아픔이 돌덩이처럼
가슴을 무겁게 파고든다

버려진 활주로

비행기의 이륙과 착륙으로
그리움과 설렘이 빛바랜 추억 속으로
잠들어버린 활주로

군데군데 금이 가고
잡초들이 점령군 깃발처럼
여기저기 자리를 넓히고 있다

흰 페인트가 벗겨진 아스팔트 위
구정물 같은 흐릿한 표지판에는
외로움의 더께가 비늘처럼 쌓여간다

활주로 변 풀덤불 속에 버려진
빈 병들은 행려병자처럼
드러누워 있고
부서진 방독면에는 싸늘한 세월이
웅크리고 있다

풀풀 날리는 빛바랜 신문지와
찢겨진 폐비닐들이 철조망을 잡고
울부짖으며 허수아비처럼
허무의 춤을 추고 있다

마지막 비행기가 끌고 가버린
파란 하늘은 사라져 버리고
폐타이어의 구멍 속으로 노란 하늘이
낮게 낮게 내려앉고 있었다

짜장면을 먹으면서

눈물에 질퍽하게 절인 짜장면을 먹으면서
잘 살아야겠다고 다짐한다
짜장면보다 더 검은 밤이 올지라도
꿋꿋이 이겨내겠다고 약속한다

밤비 오는 골목길을 추적추적 걸어가면
어느새 양어깨가 활처럼
움츠려든다

짜장면을 먹으면서 나누었던 우리들의
사랑도 밤비에 젖고 있다
젖은 담벼락에 기대어 지난날들의
후회와 아쉬움이 흰 앙금처럼
가라앉은 마음을 다잡고 두 주먹을
불끈 쥐고 일어선다

하늘길을 몰라 돌아가지 못해
축축이 젖은 몸으로
숲속에서 어둠에 홀로 앓는 철새처럼
고독과 번민으로 온밤을 지새우는 사람들의
동굴 속 같은 빈 가슴이
질척이는 밤비에 젖고 있다

비에 젖어 꺼진 마음의 등불을 위하여
내 한 몸 소독저처럼 부러질지라도
기꺼이 바쳐 빛이 되리라고 맹세한다

모난 돌

둥근 돌이라고 으스대지 마라
둥근 돌이 세상을 구르고 구르다가
마침내 가루가 되어
바람에 날아갈 수가 있다

모가 나서 어느 쪽으로도 구를 수 없다
여기 이 산언덕에 붙박이처럼
살아온 지난 세월들
먼 길 떠나는 길손들에게
이정표가 되고 있다

언제 세상 구경할지 몰라
아직도 흙 속에 묻혀 군살을
덜어내고 있다

흙속에서나 물속에서
모난 성정을 다스리면서
겹겹의 세월의 무늬가 질펵하게
새겨진 모난 돌을 볼 때마다
무언(無言)의 가르침에 흠뻑 빠져들고 있다

슬픈 것들은 둥글다

슬픈 것들을 생각하면
모나지 않고 모두 둥글다

폐가 문고리에 자물쇠 대신 꽂혀있는
퍼렇게 녹이 슨 숟가락 하나
아버지의 빈자리를 붙들고 있다

감을 떠나보낸 거뭇거뭇하고
쪼그라들고 말라버린 감꼭지 같은
어머니의 젖무덤을 볼 때마다
젓배 곯던 기억이 민들레처럼 노랗다

얼마나 많은 사람들의 가슴에
보이지도 들리지도 않은 못 뺀 자리 같은
상처를 남긴 둥근 혀가 우리를 슬프게 하고 있다

퍼렇게 시린 슬픔의 달빛이
몰락의 시간 속으로 기울고 있는 반달을
누가 사랑하지 않는다면
보름달이 될 수 없다

무덤가 빈집에 불 들인 지 오래된
싸늘한 아픔이 웅크린 아궁이에
외로움의 더께가 버짐처럼 번지고 있다

허공에 메아리치는 절규

깊은 땅속에서 질퍽하게 삭혀낸 아픔의 설움을
허공에 메아리로 흩는다

한 달 동안의 짧은 날을 위하여
사 년여 동안 캄캄한 온기 없는
땅속에서 참고 참았던 한(恨)을
분수처럼 토해낸다

그 짧은 울음을 위해
인고의 세월을 보낸 너의 절규를
허공을 향한 몸부림으로 풀어내고 있다

스르릉스르릉
울어서 맺힌 한(恨) 풀어질 수 있다면
얼마나 좋을까

목이 메이도록 몸부림치듯 허공에 메아리치는
애절한 절규가
여름을 흥건히 적시고 있다

사과를 칼로 먹는 남자

사과를 깎는다
사과 껍질이 뱀처럼 구불구불하게 감겨진다
향긋한 사과 내음이
욕망에 절인 코를 연신 벌름거리게 한다

날카로운 칼끝으로 한 조각의 사과를 덥석 찍어서
포도청 같은 입속에 넣는다
날카로운 칼끝이 입술에 살짝 닿을 때마다
간이 오그라들 듯 온몸에 전율이 느껴진다

“칼로 음식을 먹으면 가슴 아픈 일을 당한다”고
어머니께서 타이르신다
칼로 사과를 쿡 찍어서 먹을 때마다
어머니의 말씀이 칼날처럼 내 마음에 날이 선다

계속 날카로운 칼날로 사과를 찍어 먹는다
날카로운 칼날에 아직도 가슴 아픈 기억을
경험하지 못한 나는 칼날로 사과를 찍어 먹을 때마다
아찔한 몸의 전율이 아드레날린처럼 느껴진다
위험한 곡예사처럼 날카로운 칼날에 입맞춤을 한다

비 내리는 서울의 밤

암울한 하늘에서 비가 내리고 있다
다리 난간에 붙은 구인광고 벽보판이
비에 젖고 있다

저물어 가는 빗소리 따라
서서히 어둠이 자리를 펴고 있다
신문이요 신문….
빗속을 달리면서 외치는
신문팔이 소년의 목소리가
비에 축축이 젖고 있다

무작정 상경한 소녀의 솜뭉치 같은
부푼 꿈이 비에 젖어
가슴을 짓누른다
직업안내소를 찾아 헤매다가
어느 처마 밑에서 빗줄기 같은
아픈 눈물을 삼키고 있다

다리 위로 기차는 지나가고
흔들리는 기차의 흐린 불빛이
축축하게 젖은 소녀의 가슴을
흔들고 지나간다

황홀한 밤에 취해버린 조명이
광란의 춤을 추는 서울의 밤은
깊어만 간다

여관을 밝히는 불빛은
잠 못 이루는 소녀의 눈빛처럼
비에 젖어 깜박이고 있다

밤 깎는 여자

딱딱한 밤껍질을 칼로 깎아낸다
뽀얀 속살을 드러낸 밤알 몇 개
수줍은 듯 다소곳이 앉아 있다

밤을 깎느라 칼과 씨름하는
굳은살이 박인 손은
온통 굵은 주름으로 결박해 놓았다
어깨에는 옹이가 군데군데 흉터처럼
드러난 채 시간의 나이테가 쌓여있다

밤이 새도록 밤의 껍질을 벗기느라
뭉툭해진 손마디마다 툭툭 불거진 힘줄에
그녀의 헐거운 생이 질펀하게 누워있다

깐 밤 몇 자루를 봉고차에 실어 보내고
풋밤 몇 자루를 들고 올 때면
시계추처럼 축 늘어진 팔에
생의 무게가 나른하게 감겨올 때마다
꼬부라진 등 위에 질곡 같은 생의
아픔이 흥건하게 적신다

늪

흐르지 않는 오랜 침묵의
깊은 슬픔이 질펀하게 절여지고 있다

냉기가 흥건히 젖어 들어
아픔을 되새김질하고 있다

눈물로 허기를 달래며
싸늘한 아픔이 앓아누워있다

얼룩진 세월의 그림자들로
낮달 같은 빛바랜 더께가
버짐처럼 번져간다

후줄근한 외로움이 질척이며 스며들어
으슥하고 뒤틀린 상처들이
침울하게 쌓이고 있다

움푹 파인 흉터 같은 아픔이
깊은 침묵의 무게로
가라앉고 있다

사랑

부부싸움으로 당신이
친정으로 훌쩍 떠나고 난 뒤
지난날들은 마음 둘 데 없어
괴로운 시간이었습니다
당신의 입장으로 돌아가
많은 것을 생각나게 했습니다
더 넓고 큰마음으로
세상을 둥글게 살아가렵니다
당신이 훌쩍 떠난 빈자리가
너무나 컸습니다
지난날들은 아픔이 큰 만큼
성숙된 마음으로
세상을 살아갈 어른이 된 것 같습니다
당신의 움츠린 어깨에 기대어서
포근한 단잠에 빠진 어느 날이
희미한 안개 같은 기억이
그리움으로 젖어듭니다
당신의 눈망울이 그림자로 어룽거릴 때마다
내 가슴에 따뜻한 햇살처럼
해맑은 웃음이
들꽃처럼 하늘거립니다

제 3 부

탕자가 돌아왔습니다

컵라면

비밀을 밝히기 위하여
가슴 깊숙이 밀봉한 용기를
팽팽한 긴장감으로 찢는다

용기 안에 뜨거운 열정을 쏟아붓는다
결코 넘어서는 안 될
금단의 경계선이 그어져 있다

짜고 매운 눈물이
흥건히 젖어 들어
시간을 우려내면 진국이 된다

인생사처럼 배배 꼬인 면발을
젓가락으로 질퍽한 국물에서 건져내어
허기진 배를 달랜다

농축된 스프분말에 길들여진
현대인의 입맛이
잠시 포만감에 젖어 든다

톱날을 갈면서

톱의 온몸이 붉게 녹이 슬고
톱날이 차갑게 얼어붙었다

아찔한 날 선 톱날을
온몸으로 껴안으며 톱을 갈아오신 아버지
손때 묻은 톱의 손잡이에
아버지의 체취가 흥건히 앓아누워있다

불룩 튀어나온 심줄이
붉은 손바닥 굳은살처럼 박혀
햇살에 삭아 떨어진 빛바랜 시간의 흔적들

뭉툭해진 손마디마다 툭툭 불거진
힘줄이 아버지의 헐거운 생을 잡고 있다

등을 구부리고 앉아 톱날을 갈고 있다
두 발 사이에 톱을 끼우고
한 손으로 톱날을 잡고
오른손으로 줄을 밀 때마다
톱날 사이의 비늘 같은 세월의 더께를
툭툭 털어낸다

톱날을 갈 때마다 서걱거리는 소리
내 마음을 울린다

톱날을 갈 때에는 톱니들이
물결처럼 보여야 날이 넘어가지 않은 거야
내가 톱날을 갈 때마다 아버지의 말씀이
내 마음에 톱날처럼 날이 선다

세상을 제멋대로 물어뜯고 깨물다가
이제는 연약한 배춧잎도
턱턱 걸리는 나의 치아와 톱날이
무엇이 다른가

나이테 풀린 나무 비늘과 허연 톱밥들이
눈물처럼 흥건하게 적시고 있는 톱날에
아버지의 삶이 질펀하게 누워있다

이슬비 맞은 시든 꽃

정글의 총소리도 멈추고
멀리서 포성 소리만 흐느끼는 시간이면
하얀 이슬비가 스콜처럼 쏟아져 내린다

열사의 더위에 지친 전우들은
무거운 철모도 방탄조끼도 훌훌 벗어 던지고
온몸으로 하얀 이슬비를 맞으면서
지친 더위를 달랜다

하얀 이슬비를 맞은 정글도
맥없이 주저앉아 울고 있다
그 무서운 고엽제를 이슬비로 착각하면서
온몸으로 맞으면서
낯선 이국땅에서 젊음을 불태워
평화를 위해 총검을 잡았다

먼 남쪽 십자성을 바라보면서
향수에 젖어
고향을 그리워하는 젊은 날의 빛바랜 추억들이
기억의 언저리를 안개처럼 스멀거리면
우묵한 가슴에는 옹이처럼
군데군데 섬이 씹힌다

젊음의 기백이 살아 꿈틀거리던 몸은
어느새 그 무서운 하얀 이슬비에 절여져
낯선 풍경화로 걸려 있다

꺼져가는 한 줄기 삶의 끈을 잡고
몸부림치는 애절한 절규가
세월을 질퍽하게 물들인다

탕자가 돌아왔습니다

당신께서 기름 부어 기도해 주신
비단결 같은 머리는
수세미처럼 더벅머리가 되었습니다

샛별 같은 빛나는 눈동자는
세상 유혹에 짓물러지고
흐려졌습니다

넓은 가슴은 세상의 물결에 휩쓸려
얼룩진 아픔으로
무겁게 짓누르고 있습니다

화사한 얼굴은 어느새 세월의 더께가
버짐처럼 켜켜이 번지고
튼튼한 다리는 광야 같은 세상의 길에
지쳐서 절룩거리며 걸어왔습니다

반짝이던 재치와 슬기는
모두 탕진해 버리고
황폐한 몸은 잘못 박힌 못처럼
상처투성이가 되었습니다

세상의 유혹과 물결 따라
허랑방탕하게 살다가 찢어지고 상처 난
마음으로 터덜터덜 걸어왔습니다

못내 당신이 그리워 마지막까지
지켜주신 영혼 한 떨기 간직하고자
꺼져가는 심장을 부둥켜안고
가물가물 거리는 기억을 더듬으면서
돌아왔습니다

주님 앞에
무릎을 꿇었습니다
주님! 싸매어주시고
사랑으로 보듬어주소서

세월의 아픔이 비늘처럼
켜켜이 쌓인 몸을 질질 끌면서
주님의 큰 사랑을 믿고 돌아왔습니다

아버지와 이별의 순간을

얼굴에는 핼쑥한 낮달이 떠 있고
눈동자는 초점을 잃은 채 허공에 걸려 있다
도열병이 휩쓸고 간 볏논처럼
머리가 빠져버린 아버지의 모습을 보는 순간
내 가슴은 천근만근이다

야윌 대로 야윈 석고상처럼
굳어버린 모습에
내 마음은 침울하게 가라앉았다

배에는 얼기설기 호수를 꽂아 놓았다
마치 이승과 저승을 연결하는 통로 같았다
밀물처럼 저미어오는 아픔이 온몸을
엄습할 때마다 아버지는 생사의 갈림길에서
몸부림치는 절규의 모습에 가슴을 쓸어내린다

오늘은 면도를 더 정성껏 해드려야겠다
손톱도 부러진 발톱도 깎아드리고
메마른 논바닥처럼 갈라진 손바닥에
연고도 발라 드려야겠다
아버지 곁에서 귀에 대고 큰 소리로
이야기도 해드려야지

아버지가 아슴푸레한 눈빛으로 실눈을 떠
마지막으로 나를 바라보면
슬퍼서 울지 말고 크게 웃어야겠다

어릴 때 아버지가 내 볼을 살짝 꼬집으면서
빙그레 웃으시듯이
아버지의 야윈 볼에 내 얼굴을 비비면
갑자기 코끝이 시큰거리는 것을 참을 수가 없다

언젠가 아버지와 함께 시골 장터에서
돼지국밥을 먹던 기억이
내 마음을 흥건하게 적신다

사랑하는 사람과 이별은 죽음이기 때문에
마음이 돌덩이 얹힌 것처럼 아프다
나는 돌아서서 마음속으로 울고 있었다
슬픔이 질펀하게 절인
아버지의 어룽거리는 눈망울이
내 가슴을 썰물처럼 훑고 지나간다

막춤

막춤은 율동이나 스텝이 똑같아서
추기 쉽다
그렇다고 닥치는 대로
몸을 움직이는 것이 아니다

시커먼 고무치마를 두르고 오체투지(五體投地)처럼
꿈틀거리며 시장 바닥을
기어 다니는 사나이

저 느린 막춤
두 다리를 잃어버린 무거운 멍에 같은 몸뚱이를
흐느적거리는 움직임으로
무릎에 얹힌 삶의 무게를 이겨내기 위하여
안간힘으로 막춤을 추고 있다

생의 무게를 질질 끌고
질척한 설움이 배어 있는 시장 바닥을
문어처럼 기어 다니면서
하루 종일 오고 가는 발길 틈 사이에서
허공을 향해
허무의 막춤을 추고 있다

어쩌면
마지막 몸부림을 치고
있는지도 모른다

시계추처럼 축 늘어진
생의 무게가 온몸에
나른하게 감겨올 때마다
대답 없는 메아리만
텅 빈 가슴을 울릴 뿐이다

멍때리기

한강변에서 열린다는 멍때리기대회
이름도 이상하다

다변화 사회에서
과부하에 걸린 컴퓨터처럼
정보들이 얽히고설킨 회로 같은
사람들이 너무 많다

헝클어진 실타래처럼
지친 몸과 마음을
차분히 가라앉히고
멍하게 마음을 비우는 훈련의 하나이다

스스로 마음 비우기가 힘들어서
함께 모여서 마음 비우기를 하는 것이다
멍하니 앉아서 정해진 시간에
멍때리기를 한다
엄연히 규칙도 정해져 있다

제일 중요한 것은 마음 비우기이다
마음을 비우는 것은 객관적으로
가늠할 수가 없다

그래서 정해진 시간에 가장 안정적인
맥박을 가진 사람이 승자가 된다

두 눈을 부릅뜨고 멍하니 앉아
무념무상(無念無想)에 잠겨있는 모습을
상상만 해도 절로 웃음이 피식 나온다

파도와 갯벌처럼

쌓았다 무너뜨리고
또 쌓았다 무너뜨립니다

모았다 허물어버리고
또 모았다 허물어버립니다
결국은 아무것도 남기지 않았습니다

우리도 파도와 갯벌처럼
만났다 헤어지고
또 만났다 헤어집니다

따뜻한 구름과
차가운 구름이 서로 하늘에서
만났던 자리처럼
결국은 깨끗이 자리를 비우고 갑니다

우리의 인생도 이처럼
결국은 아무것도 가진 것이 없이
빈손으로 왔다가
빈손으로 떠납니다

혼자 밥 먹는 사람

나이 든 사람이 혼자 밥을 먹을 때
울컥하고 가슴을 떠밀려 올라오는 것이 있다

허름한 분식점에서 구부정한 등을 굽히고
혼자 외롭게 세상을 등지고 앉아서
국물에 질퍽하게 절여진
국수를 건져 올리는 젓가락마다
허기진 배를 달래고 있다

양푼이에 식은 보리밥 덩이와 푸성귀를
대충 넣은 비빔밥을
한 숟갈 더 먹으려고 곁눈질로 눈을 흘기면서
형제들과 숟갈 싸움하던
빛바랜 기억들이 마음을 흥건히 적실 때면
나도 모르게 가슴이 뭉클해지면서
갑자기 목이 메여 울컥울컥 가슴을
떠밀려 올라오는 국수 덩어리가
내 마음을 향수에 젖은
그리움으로 물들게 한다

춤추는 조명

추적추적 비 내리는 날이면
사람들은 불나방처럼 모여든다

빙글빙글 돌아가는 불빛 따라
신나는 음악 소리에
절로 어깨춤이 으쓱거린다

뽕짝 장단에 맞춰 지르박으로
저마다 신명 나게
몸을 흔들고 있다

느릿한 진양조에 취해
서로 부둥켜안고
블루스를 추는 사람들

반짝이는 구두에 짓이겨진
마룻바닥은 둔탁한 신음소리에
흐느끼고 있다

값싼 향수 냄새에 절인 코를
연신 벌름거리면서
남녀 쌍쌍이 밀고 당기고

돌리고 돌리는 황홀한 시간 속에
취해버린 조명은
광란의 춤을 추면서
짙은 무대화장으로 감추인 얼굴마다
골 깊은 주름살을 더듬고 지나간다

수제비

북어를 북북 찢어서 국물을 만든다
걸쭉한 국물이 우러난다
애호박을 송송 썰어 넣는다

밀가루 반죽 덩어리를 치대고 치대어서
수제비를 만든다
반죽 덩어리를 뚝뚝 떼어서 국물에 넣는다
뜨거운 냄비가 부글부글 끓는다

먼저 넣은 수제비가
늦게 넣은 수제비를 밀어 올린다
마치 형이 동생을 돌보아주는 듯하다
서로 우애 있게 밀어주고 받쳐주는 모습 같아
마음이 흐뭇하다

결국 먼저 넣은 수제비와 늦게 넣은 수제비가
함께 어울려 어깨동무를 하고 있는 모습이
마치 형과 동생의 정다운 모습과 같다

걸쭉한 수제비를 먹으면서
잠시 생각에 잠겨본다

형제들과 한 이불 속에서 발 장난치며
들썩대면서 낄낄거리다가
가랑이 서로 칡넝쿨처럼 뒤얽힌 채
밤새도록 곤히 잠을 자던
그때가 그리움으로
내 마음에 흥건하게 젖어 들면
나도 모르게 가슴이 뭉클해지면서
갑자기 눈시울이 붉어진다

양로원 가는 길

연지분 바르고 멋 내시던 고운 얼굴
어느새 사라지고
주름진 세월에 골 깊은 삶의 길목을
서성이는 독거노인 양로원 간다

고픈 배를 접어서 감추고
참 애터지게 느릿느릿 양로원 골목길을
걸어 올라간다
꼬불꼬불한 골목길 끝에
달랑 쪼그리고 앉아 있는 모습이
마치 달팽이 같다

걷다가 또 쉬는데
젖배 곯은 기억의 끝이
전봇대 아래 핀 민들레 한 송이처럼
노랗다

낮달 같은 흐릿한 주름진 눈가에
그리움의 추억은 사라지고
삶에 지친 상처로 닳고 닳아
무지렁이 같은 손톱 위로

얼룩진 세월의 아픔이 흥건히
젖어 들고 있다

모진 세월 풍화가 휩쓸고 간
독거노인의 우묵한 가슴엔
군데군데 섬이 씹히고
꼬부라진 등 위에 질곡 같은
생의 고달픔이 흥건하게 누워 있다

시계추처럼 축 늘어진 생의 무게가
온몸에 나른하게 감겨올 때마다
가쁜 숨이 멍에처럼
가슴을 짓누르면
고래 심줄처럼 질긴 해소기침 소리
파도처럼 풀려나온다

유행가

선술집 잡부로 살아온 세월
춤추며 노래하던
쓰러진 동백꽃 같은 붉은 순정은
속절없는 눈물도 말라버리고
깊게 깊게 들이켜는 술잔 속으로
꺾어진 세월 속에 육자배기로
흘러간 장단처럼 뚝뚝 꺾어낸 북채로
추임새를 넣는다
얼~쑤 얼~쑤

저 긴 목울대 치받치면서
끄윽 끅
흘러간 물처럼
한 곡조 걸판지게 뽑는다
한 많은 이 세상….

세월의 그림자가 마른 꽃대 사이로
스치는 눈먼 바람처럼
서걱거리며 지나갈 때마다
낮달 같은 빛바랜 그리움이
마음에 질퍽하게 젖어 들면
유행가로 세월의 아픔을 달래는
구슬픈 그녀의 흐느껴 울부짖는 소리에
나도 모르게 눈시울이 붉어진다

폐광촌

광부들의 휑한 눈빛은
낮달로 걸려 있고
낡은 깃발은 바람에 펄럭이며
허공을 향해 허무의 춤을 추고 있다

거미줄이 얽힌 터널은
무슨 짐승처럼 입을 벌리고
웅크리고 있다

후조마냥 사람들이 떠나버린 폐광촌
시간이 멈추어버린 듯
어둠의 그림자가 짙게 드리워 있다

무개화차는 철로를 베고
잠이 들어 버렸다

광부들의 생명줄인 탐조등은
싸늘한 세월의 아픔이 웅크리고 있다

진폐증에 걸린 누렁이 한 마리
마른기침 소리
새벽을 깨운다

쌀 씻는 남자

쌀을 씻는다
밥솥처럼 속이 시커멓게 탄 사나이에게
고독은 밥만으로도 대신할 수는 없다
밥을 먹어도 생쌀을 씹어도
가슴에 멍이 든 이름을 소리쳐도
적막한 고독은 좀처럼 줄어들지 않는다

식솔이 없어 홀가분하다는 남자
술 먹을 돈이 있으면 옷이나 사 입지
그게 무슨 꼴이냐고 혀를 차면
빨래해 줄 사람도 없는 판에
속옷만 입으면 그만이지
겉옷이 다 뭐냐고 웃어넘긴다

흰머리 듬성듬성한 지친 중년의
사나이는 밤마다 홀로 베갯머리 껴안고
질퍽한 고독에 잠긴다

아! 지울 수 없는 외로움
적막감을 가르는 빗소리
내 가슴을 긋고 가듯 질척이며
고독에 흥건하게 젖어 들고 있다

썰물처럼 빠져나간 빗소리가 어둠을 적시다
아쉬움만 남기고 가버렸다
어디 가는 것이 비뿐이랴
젊음도 사랑도 기회도 한순간인 것을
우리의 인생도 왔다가 가는 비처럼
젖지 않고 가는 삶이 어디 있으랴

엘리엘리라마사박다니
오! 내가 고독의 십자가에
오늘 밤도 못 박힌다

떠나는 그대에게

떠나는 그대
조금만 더 늦게 떠나준다면
그대 떠난 뒤에도 내 그대를
사랑하기에 아직 늦지 않으리라

그대 떠나는 곳
내가 먼저 떠나가서
그대의 뒷모습을 받쳐주는
여백이 되리라

옷깃을 여미고 다소곳이 떠나는
발길마다
내 그대를 위해
반짝이는 별이 되리라

떠나는 그대를 향해
아직도 사랑하기에
늦지 않았다고
사랑의 세레나데를
목청껏 불러 주리라

떠나는 그대를 향한
내 마음 변치 않았다고
그대의 섬섬옥수를 걸고
맹세하리라

떠나는 그대를
기다리다 기다리다 지쳐 쓰러져
망부석이 될지언정
또 그대를 기다려 주리라

등

동지섣달 창틈으로 들어오는 바람이
등줄기를 타고 스칠 때마다
몸이 오싹 움츠려든다

무거운 짐을 나를 때마다
힘을 쓰는 것은 등이다

남의 앞에서 굽신거리다가
등뼈가 시큰거리도록 굴욕을 당한 아픔이
앓아누워있다

앞모습만 멋있게 보이려고
다듬고 꾸미고 하였지만
등은 언제나 뒷전으로
밀려난 신세가 되었다

등을 한 번도 사랑하지 않고
무심코 지난 세월이 밀물처럼
후회로 밀려온다

몸 뒤에 다소곳이 숨어서
잘 드러내지도 남의 눈치도 살피지 않고
오로지 등뼈를 꼿꼿하게 세워
묵묵히 몸을 지탱하고 있을 뿐이다

잘 안 보인다고 등을 무시하면서 살아온 지난 세월이
후회와 아쉬움이 얼룩진 아픔으로 다가온다

배와 등을 사람들은
너와 내가 한 몸이라고 하는구나
앞뒤가 어울려 짝이 된 한 몸이
마치 이승과 저승처럼 함께 살고 있다

장송곡 연주

생선 머리를 잘라내고 아가미를 떼어낸다
익숙한 손놀림으로 죽음의
장송곡을 연주하는 명연주가 시작된다

켜켜이 쌓인 비늘을 털어낸다
얽히고설킨 뼈를 발라내고
살을 저미는 칼이 도마 위에서
난타를 칠 때마다
어둡고 우울한 단조곡이 흐른다

붉은 피가 도마를 흥건하게 적시고 나면
그 위로 스타카토의 경쾌한 음이
썰물처럼 훑고 지나간다

그는 검은 연미복 대신에
검정 바지에 검정 고무신을 신고
검게 그을린 얼굴에 늘 같은 곡만
연주한 것이 어느덧 30여 년이 넘었다

날카로운 칼날이
마치 현악기의 현 위를 스치고 지나간 자리처럼
도마 위 생선은 오선지같이

죽죽 그어지고 내장이 빠져나간
움푹 파인 곳마다
세고 여린 강약의 음이 지나간 자리가
선명하게 남아 있다

드디어 도마 소리 멈춘 정적이 흐르고
쓰레기통에 버려진
비릿한 생선 대가리에 몰려든
파리 떼들의 날갯짓 따라
죽음의 만찬이 펼쳐진다

연주가 끝난 단상에서
검은 장막이 내려오듯
천천히 눈꺼풀이 내려오고
축 늘어진 팔에 생의 무게가
나른하게 감겨올 때마다
무거운 가슴을 짓누른다

낡은 구두 한 켤레

길을 걸을 때마다 덜커덕거린다
낡은 신발이 세상에서 밀린 자리마다
어둠의 그림자가 침울하게 가라앉고 있다

낡은 신발에 몸이 짓눌리고 짓이겨진 곳마다
낮달 같은 빛바랜 세월에 긁힌 생채기로
성한 곳이 없다
낡은 신발이 세상에서 밀린 자리마다
어둠의 그림자가 싸늘한 아픔으로 앓아누워있다

낡은 신발에 세월의 더께가
비늘처럼 켜켜이 쌓여간다
헐렁한 신발의 입구가 늪처럼
고독의 그림자가 침울하게 웅크리고 있는
낡고 빛바랜 구두 한 켤레를
아쉬운 마음을 고스란히 담아 길가에 버렸다

허전한 마음을 달래며 골목길을 걷다가
낯익은 구두에 눈길이 머물렀다
낡은 구두 한 켤레가
쓰레기 더미에 깔려서 신음하고 있었다

시간이 겹겹이 쌓여 거미줄 같은 그리움이 깃든
내 신발인데 생각하니
아쉬운 마음을 좀처럼 떨쳐버릴 수 없었다
내 구두를 꺼내어서 세월의 더께를 툭툭 털고
비닐봉지에 넣어서 다시 가져왔다

구두 수선공에게 고쳐달라고 맡겼다
뒤틀리고 갈라진 상처들로 켜켜이 쌓인
비늘 같은 흐릿한 기억을 털어낼 때마다
낡은 구두가 새로운 변신을 거듭하고 있다

낡고 빛바랜 구두에
새로운 생명을 불어넣어
새롭게 탄생된 구두를 볼 때마다
더 정겹고 소중한 느낌이 든다

강물에 삽을 씻다

강물에 삽을 씻는다
퍼런 강물 같은 슬픔도 씻는다
하루가 조용히 저물고 있다
노을 묻은 저녁 종소리 하루의 외로움을 달래주고 있다
삽자루에 묻은 질퍽한 체취가
어둠처럼 강물에 씻겨지고 있다
저무는 강가에서 따오기가 우는 소리는
오지항아리처럼 가슴을 울린다
삽자루에 맡긴 하루가 흐르는 강물처럼 저물고 있다
쭈그려 앉아서 먼 지평선을 바라본다
땅거미가 스멀스멀 자리를 펴고 있다
이윽고 샛강 미나리 논에서 달이 뜨고 있다
흐르는 강물에 달이 빠져 허우적거리고 있다
두 손으로 물속에 빠진 달을 움켜쥔다
노란 달의 비늘이 뚝뚝 떨어진 빈손이 시려온다
흐르는 강물은 가장 높은 하늘에서 내려왔다
낮고 낮은 곳을 찾아 흐르고 또 흐르는 강물을
물끄러미 바라본다
강물처럼 나 자신을 낮추는 겸손을 배워야겠다
강물 같은 가난한 마음으로 살아가련다

제4부

그리운 이름들

귀뚜라미

여름을 흥건하게 적시는 매미 소리가
치솟고 있다
차가운 돌 틈에서 울음을 토하는 귀뚜라미
울음소리는 아직은 노래가 아니다

풀잎 위에 이슬 한 방울 내리지 않는
차가운 콘크리트벽 좁은 틈에서
숨 막힐 듯 가느다란 너의 초라한 소리는
누구의 마음 하나 울릴 수 없다

드디어 더운 여름은 지나가고
매미 소리 걷히고 맑은 가을 하늘이
풀잎 위에 뒤척이며
낮고 낮은 차가운 돌 틈까지 성큼 내려오는 날
가냘픈 너의 울음소리는
가슴을 울리는 노랫소리로 다시 태어나게 된다

귀뜨르르 뚜르르
가슴마다 애달픈 사연을
너의 노랫소리로 달래주고 있다
너의 애절한 노랫소리에
가을은 질펀하게 익어만 간다

나룻배

당신을 안고 강물을 건너는
나룻배입니다
당신의 흙 묻은 발로 나를 짓밟습니다
하루 종일 흙 묻은 발로 나를 짓밟는
당신의 발길에 가슴은 퍼렇게 멍이 듭니다

때로는 무수한 발길에 짓밟혀 견디다 못해
가슴에 구멍이 난 적도 있습니다
시퍼런 강물이 축축이 적실 때면
얼룩진 싸늘한 슬픔이 스며듭니다
주인의 손길로 가슴의 구멍은 메워지지만
흉터 같은 세월의 아픔이 앓아누워있습니다

거센 물살을 헤치고 삐거덕거리면서
지치고 가쁜 숨을 몰아쉬며
당신을 안고 무사히 강을 건너면
당신을 나를 돌아보지도 않고
허겁지겁 가버립니다
무엇이 그리 바쁜지 인사도 없이 휑 가버린
당신의 그림자를 바라보면서
또 오실 날을 기다립니다

흐르는 강물 같은 세월에
질펀하게 절여진 낡은 나룻배는
불어오는 바람에 몸을 맡기고
오늘도 당신을 기다리다 기다리다 지쳐서
축축이 저미어오는 눈물 같은 강물에 시린 등을 기댄 채
누운 곳마다 시간의 더께가
그리움으로 가슴을 흥건하게 적십니다

시골 장날 풍경

먼지와 소음으로 뒤범벅이 된 시장 바닥에
즐비하게 늘어놓고 지나가는 발길을 붙잡는다
사람들은 불빛 찾아 모여든 불나방 같다
떠돌이 약장수는 가짜 약을 많이 팔려는 욕망에
절인 코를 연신 벌름거리면서 간이며 쓸개
심지어는 양심도 꺼내놓고 입가에 게거품을 물고
한바탕 너스레를 떤다
철 지난 유행가 가락이 정신을 쏘옥 뺀다
장바구니를 옆에 끼고 이곳저곳을 기웃거리던
시골 아낙네들이 떼로 몰려 이 모습을 지켜보고
헤벌쭉하게 벌린 입을 다물지 못한다
그 웃음소리 시골 장 난전을 뜨겁게 달구고 있다
뻥튀기 아저씨는 언제쯤
질긴 어깨끈 툭 풀어지듯 삶이 여유로워질지
암울한 나날을 푸념 섞인 넋두리로 달래고 있는데
불어오는 바람에 신이 난 뻥튀기 불길은
광란의 춤을 추고 있다
물건을 팔려는 상인들이 앞다투어 외치는 소리와
물건을 사려는 사람들로 붐비는 시골장의 파장 무렵은
단대목을 만난 듯 저녁노을처럼 후끈 달아오른다

버려진 아픔

폐염전 소금창고 한쪽 구석에 버려진 것들이
널브러져 있다
헌 나무의자 틈새로 들락거리던 해풍에 헐거워지고
삐걱거리는 소리에 금방이라도 주저앉을 것만 같다
모닥불 타다만 흔적인 듯 검게 그을린 바닥에
찢어진 폐비닐 페트병 목장갑 지푸라기들이
점령군처럼 여기저기 자리를 넓히고 있다
폐소금 창고는 굶주린 짐승처럼 입을 벌리고
금방이라도 달려들 듯 웅크리고 있다
저 버려진 것들은 갯벌에 구멍이 숭숭 뚫린 것처럼
모두가 상처를 안고 있다
인생의 삶도 저 버려진 아픔처럼
상처가 앓아누워있지 않은가
사는 게 저 빈 소금부대처럼
허전함을 달래면서 살아가고 있다
어느 늙은 염부는 발자국마다 고이는
질퍽한 시간의 간수가 묻어나는
지겹고도 지겨운 수차를 돌리면서
세월의 나이테를 감고 있다

바다를 사이에 두고

바다를 사이에 두고
사랑한다고 수없이 외치던 소리들이
그대에게 전달되지 못하고
파도 소리 따라 물방울로 치솟다가
떨어집니다

바다를 사이에 두고
그리움은
별빛으로 깜박일 때 그대 눈빛은
내 마음에 어룽거립니다

바다를 사이에 두고
그대를 생각하며
밤마다 뒤척이며
돌아눕고 있습니다

바다를 사이에 두고
그대를 부르는 소리
내 귓가에 머물다 돌아갑니다

바다를 사이에 두고
그대 생각 하나로
실타래가 물레처럼
내 마음을 풀어내듯이
파도처럼 설레고 있습니다

바다를 사이에 두고
그대를 목놓아 불러도 불러도
대답 없는 메아리만
허공을 맴돌 뿐입니다

바다를 사이에 두고
그대 생각 하나로
뜬눈으로 온밤을 지샌 어느 고독한 밤이
샘터에 물 고이듯
성숙해지는 내 영혼의 아픔으로 다가옵니다

돌절구 2

고물상에 갔다
찌그러지고 깨어지고 녹슬은
문명의 잔해(殘骸)들이 산더미처럼
시간을 겹겹이 쌓인 채
빛바랜 세월에 밀려나 있다

내일이면 환생(還生)의 꿈을 위해
훌훌 떠날 고물 더미 속에서
육중한 무게를 자랑하는
돌절구를 발견했다
몇 푼의 값을 주고 고물상 주인이
우리 집에 옮겨주었다

생긴 것은 투박하고 울퉁불퉁해서
볼 모양은 없지만
정원에 갖다 놓으면 잘 어울릴 것만 같았다

절굿공이에 짓이겨져 닳고 닳아
무늬마저 지워진 싸늘한
세월의 더께를 질펀하게 베고 누운
돌절구에 물을 붓고 닦으니
한결 깨끗해졌다

정원에 갖다 놓고 물을 채워서
부레옥잠을 띄워놓으니
어느새 보랏빛 물결로 출렁이고 있었다

하늘의 구름도 시샘을 하는지
기웃기웃 훔쳐보고 있다

그리운 이름들

명자꽃을 보면서 명자 이름을 조용히 불러보면
어느새 볼우물이 연분홍빛으로 물드는 얼굴이
내 마음에 노을처럼 번진다

갈래머리가 가녀린 풀잎처럼
내 가슴을 설렘으로 뛰게 했던
수줍어하는 정자의 모습이
아련히 얼비친다

함초롬히 이슬에 젖고 씻긴 꽃향기처럼
그윽하게 내 기억의 언저리를 맴도는
춘자의 옴살한 얼굴이 그리움으로 다가온다

찬비에 젖은 머루 같은 너의 눈망울이
그림자로 어룽거릴 때마다
내 가슴에 따뜻한 햇살처럼 다가오는
해맑은 웃음 머금은 영자의 전성시대는
세월의 뒤안길로 사라져버렸다

꺼질 듯 하늘거리는 가냘픈 들꽃 같은
생의 서러움 추스르며
고래 심줄처럼 질긴 기침 소리 따라

낮달 같은 핼쑥한 얼굴에 마른버짐이
켜켜이 번진 순자의 모습이
눈앞에 아른거리고 있다

자야!
가만히 이름을 불러보면
금세 달려올 것만 같은
정겨운 이름들이
그리움으로 다가와 설렘으로
가슴 뛰게 한
세월의 편린들이 들꽃처럼
내 가슴을 스친다

낯선 풍경화

낙타 같은 침대차는 암울한 병실을 지나
마취실을 향해 숨 가쁘게 굴러간다
얼굴에는 하얀 마스크를 쓰고 파리한 눈은 감긴 채
하얀 시트 밖으로 흘러나온 갑골문자가 새겨진
맨발이 헐거운 생을 베고 누워있다
찌든 담배 연기로 빈 동굴 속 같은 폐는
검은 분진을 뒤집어쓴 풀죽은 꽈리꽃들로
숨이 턱턱 막히는 어둠의 터널 속을
그림자로 일렁이고 있다
길가에 난 마른풀 같은 섬모들이 떨리고
온몸을 기어 다니는 샐비어 같은
붉은 선혈이 비틀거리고 있다
자신의 체온을 얹은 신열로 맥박이 흐느적거린다
불이 환하게 켜진 수술대 위에서
점점 어두워지는 얼굴은 단풍 들어
한 폭의 낯선 풍경화로 걸려있다
해가 달을 가릴 때 월식이 일어나듯
희망이 빠져나간 절망의 자리마다
핼쑥한 얼굴은 낮달로 걸려있다
굳게 잠긴 창문은 열리지 않고
슬픔에 질퍽하게 잠긴 어룽진 눈동자가
가슴을 썰물처럼 훑고 지나갈 때면
암울한 마음에 검은 그림자가 먹구름처럼 드리운다

생각에 잠긴 갈대

불어오는 바람에 쏠리는
갈대들이 파도로 눕고 있다
노을 진 하늘이 수채화처럼 번질 때면
저마다 생각의 기둥을 하나씩 세운다
푸른 강물을 잉크로 찍어 바람이 불 때마다
흰머리칼 휘날리며 하늘에 편지를 쓴다
쓸쓸히 철 따라 발걸음을 옮기는
청둥오리들이 가을의 등 뒤에서 머리에 불을 켜고
대오(隊伍)를 지어 그리움 따라 유등처럼 흐르고
하얀 고니들은 우아한 나래로
아름다운 이별의 실크로드를 허공에 그린다
갈대숲 바람결을 스치는 철새들의
외로움을 노랫소리로 달랜다
고독한 갈대는 아픈 눈물을 삼키면서
속으로 울고 있는 것을 까맣게 몰랐다
우리의 인생도 산다는 것은 어쩌면 저마다
마음속으로 조용히 울음을 삭이면서 살아가고 있다
찰랑거리는 물결 따라 그리움 싣고
구도자처럼 고개 숙인 갈대
깊은 생각에 잠긴다

놋세숫대야

고향 집에 놋세숫대야가 있다
늙수그레한 어머니처럼 홀로
낮달 같은 빈 고향 집을 지키고 있다

플라스틱에 설 자리를 잃어버려
세월에 밀려나 무슨 짐승처럼
수돗가에 웅크리고 있다

수돗물을 퍼담아 세수를 하던
놋세숫대야를 가만히 두드리면
쨍그랑거리는 여운 속에
식구들의 정다운 얼굴이
빛바랜 그리움으로 어룽거린다

춥고 으스름한 수돗가에서
이리저리 굴러다닌 날들로
온몸에 상처로 남아
쭈그러진 자리마다
힘줄같이 툭툭 솟아 있다

세상에서 가장 낮은 물이 흐르는 수돗가
수챗구멍을 들락거리면서
허기진 배를 물로써 달랜다

질퍽한 손길이 스쳐 간 놋세숫대야
시간의 더께가 버짐처럼
퍼렇게 번져간다

흔들리는 바람

시골 닷새에 열리는 장터 파장에
상인들이 앞다투어 외치는
신바람 소리에 시골장 난전은
뻥튀기 불길처럼 후끈 달아오른다
식당 할머니가 걸쭉하게 우려낸 돼지국밥을
질펀한 시장 바닥에 퍼질러 앉아 저마다 허기를 달래는
등 굽은 질곡 같은 삶을 흥건히 적시는
모진 세월의 바람들
흙 묻은 푸성귀 몇 단 내놓고
오가는 발길 붙잡아
쌈지에 동전 쌓이는 소리에
신바람 난 촌 노인들
저 흔들리는 바람을 보면서 깊은 생각에 잠긴다
저 흔들리는 바람 속에
슬픔과 아픔 기쁨의 눈길이 숨어 있다
이젠 허름한 시골 장터가
낯설은 이방인처럼 느껴진다
그도 그럴 것이 고향을 떠난 지도
이미 반 백여 년 넘었다
질펀하게 우려낸 장국밥을 난전에서 먹던
장날의 아련한 기억이 머리를 스치면
내 마음은 먼 시골 장터를 서성이는
한 줄기 바람이 된다

폐교

학교가 폐교되자 유흥가 불빛이 현란하다
어둠 속 우뚝 솟은 이순신 장군 동상이
불빛에 새파랗게 떨고 있다
때로는 빨갛게 불타고 있다

운동장을 넘보는 건 유흥가 불빛뿐만 아니라
들고양이 울음소리 적막을 가른다
들고양이들이 어둠을 뒤지며 노략질을 한다

마음을 밝히던 횃불은 꺼져버린 지 오래다
아이들 소리마저 사라진 텅 빈 폐교
유흥가 불빛이 힐끔힐끔 곁눈질로
운동장을 훔쳐보다가 아예 지쳤는지 졸고 있다

세월의 더께가 벗겨진 놀이기구마다
낮달 같은 빛바랜 그림자는 붉은 꽃으로 피어나고
축 늘어진 그네는 세월의 무게가 나른하게 감겨 있다

시간이 잠들어버린 학교
고요가 비늘처럼 쌓이고
쇠스랑 같은 싸늘한 아픔이
침울하게 가라앉고 있다

어떤 친구

희끗한 머리칼 사이로
세상 물결이 지나간다
나이 칠십 중반을 넘어서야
아내의 손에 이끌려
교회에 나가게 된 내 친구

아직도 기도가 서툴러서
마음 내키는 대로 중얼거린다
고백에 가깝다고 한다
죄지은 일이 너무 많아서 늦게나마
교회에 다니게 되어 다행이라고 한다

지난날 술로 세월을 달래던 것도
여자들에게 뜨겁게 쏟았던 눈먼 사랑도
언성을 높이던 흑백 논쟁도
이성처럼 차갑게 날이 선 이데올로기도
모두 모두 헌신짝처럼 던져버리고
활처럼 굽은 어깨를 움츠리면서
걸어가는 뒷모습이 슬퍼 보인다

돌 같은 마음에도 신의 음성이 들리는지
교회 갈 때마다
찬송을 흥얼거리는 모습이 딴사람 같다

죽을 때가 되면 사람이 변한다고들 하더니
변해가는 친구 모습이
돋보기처럼 빤히 들여다보인다

니코틴에 절여진 손

힘줄이 삭정이처럼
불룩 튀어나온 손가락 사이에
찌든 담배꽁초가
짚불처럼 타들어 가고 있다

툭툭 불거진 굵은 주름으로
결박해놓은 손마디마다 옹이가 박혀
헐거운 생의 무게가
나른하게 감겨올 때마다
수심으로 가득한 속이
동굴같이 쓰디쓰겠다

생의 고달픔이 홍건하게 누워 있는 손톱은
흙빛이다
불철주야 흙의 경전을 파고들다
닳고 닳아 뭉텅해진 무지렁이 같은 손톱에
니코틴이 버짐처럼
켜켜이 번져간다

담배 연기를 들이마시고 내뿜을 때마다
수심으로 자욱한 쓰라린 속이
조금씩 평온을 되찾는다

찌든 담배 연기로
들숨과 날숨이
쪼그라든 폐를 부풀리며
마른침을 삼키면서
지하 동굴 같은 빈속을 달래고 있다

추억이 묻어난 삽

삽이 축축한 먼지 냄새나는 곳간 구석에 걸려있다
거미줄이 실타래처럼 풀어 놓은 곳간이 제집인 양
벽에 기대어 서 있다

삽에는 버짐 같은 세월의 더께가 켜켜이 번져있다
질퍽한 손길이 스쳐 간 삽에는
땀의 체취가 흥건히 앓아누워있다
낮달 같은 희미한 기억을 베고 누운 삽을 꺼내어
마른 볏짚으로 쓱쓱 문지른다

땅을 파고 이리저리 굴러다니고 짓밟힌 날들로
세월의 얼룩진 아픔이 온몸에 상처로 남아
쭈그러지고 힘줄이 툭툭 불거진 뼈대가
산맥처럼 뻗어나 있는 삽을
축축이 저미어오는 물이 어루만지면
세월의 더께를 비늘처럼 툭툭 털어낼 때마다
추억이 눈망울처럼 어룽거린다

시간이 겹겹이 쌓여 거미줄 같은 그리움이 걸려있는
삽으로 내 무덤 하나 짓고자 하는 생각을 하니
왠지 슬픔이 무겁게 가슴을 짓누른다
삽에 맡긴 내 인생의 시간이 질척이는 비처럼
아쉬움만 남기고 저물고 있다

무릎 꿇기 1

무릎을 꿇고 나서야 비로소
멍에 같은 죄짐을 내려놓을 수 있었다

무릎을 꿇고 나서야 비로소
겸손을 배울 수 있었다

무릎을 꿇고 나서야 비로소
평생 마음에 품고 다녔던
칼을 버릴 수 있었다

무릎을 꿇고 나서야 비로소
자신을 되돌아볼 수 있는 소중한
시간이 되었다

무릎을 꿇는 자만이
걸을 수 있다는 평범한 사실을
오랜 세월이 지난 뒤 알았다

무릎 꿇기 2

백조는 일생에 단 두 번
무릎을 꿇는다고 한다
알을 낳을 때와 죽을 때 무릎을 꿇는다

나는 최소한 하루에 세 번 이상은 무릎을 꿇는다
아침 점심 저녁 식사 때마다
무릎을 꿇고 기도드린다

어느 날이었다
의사의 무릎 앞에
내 알량한 자존심을 다 버리고
드디어 순한 양처럼
무릎을 꿇었다
무릎 꿇고 두 손을 번쩍 들고 항복하고 말았다

퇴행성 관절염으로 추운 겨울이면
무릎이 쿡쿡 쑤셔대는 바람에
제대로 잠을 이룰 수가 없다

무릎은 꺾이는 것이 제격이지만
오늘따라 뻣뻣한 내 무릎을 꿇고 나니

내 자신이 한없이
작아 보인다

마른 정강이에서
삭정이 부러지는 소리 들릴 때마다
감싸고 쓰다듬고 하여도
그때뿐이다

날카로운 침이 무릎에 꽂힐 때마다
시큰거리는 아픔을
살짝 달래어준다

무명

울 엄마에서
세상 처음 나올 때
날 받아준 것도 무명이었네

어린 계집아이가 처녀로 부풀어 올라
초경이 닿은 자리도
무명이라네

물레를 돌리고 실을 뽑아 짜 올렸을
고 착하고 순결한
따뜻한 무명이 변심을 했나 보네

아리고 쓰린 억울한 일이 있는지
빛이 바래어 낡은 것이 거뭇거뭇하더니
가슴을 쥐어뜯으면서
자승자박하는 날이 오고야 말았네

이윽고 화학섬유인 나일론이 나오고부터
설 자리를 잃어버린 무명가수처럼
통성명할 이름 석 자도 없는

무명으로 살아가는 것이
어쩌면 너의 운명인지도 모른다네

장롱 속 포개두었던 속살
햇볕에 말리는 날들이면
빛바랜 세월에 인기 떨어진 무명가수처럼
화려했던 지난날을 그리워하고 있다네

술 익는 주막에서

수없이 입술이 닿은
이 빠진 낡은 사기그릇에
입술의 체취가 축축하게 앓아누워있다

허기진 주린 배를 움켜쥐고
마른침을 삼킨다
욕망에 절인 코를 연신 벌름거리면서
세월에 닳고 닳은 사기그릇에 입술을 대고
허름한 주막에서
저마다 삶에 절인
넋두리를 안주 삼아
깊게 들이키는 술잔 속으로
나그네의 마음이 흥건히 젖어 든다

야윈 어깨의 주름진 삶도
세월의 얼룩진 아픔도
질긴 어깨끈 툭 풀어지듯
모두 술로 달랜다

젓가락 장단마다 시름이 멱을 감는
질퍽한 술잔 같은 질긴 삶의 하루가
속절없이 지나가고 있다

눈꺼풀이 천근만근 무거워만 가고
생의 무게가 온몸에 나른하게 감겨올 때마다
몸은 땅에 가장 가까이 흐느적거리고
마음은 하늘에 가장 가까이 닿아
허공 속을 몽롱하게 헤매고 있다

혀끝에 타오르는 불로
함부로 사랑을 고백하면
술 깨고 난 후의 창자가 쓰라린
후회가 밀려온다

빗소리에 그리움 싣고

산은 조용히 비에 젖고 있다
빗속에 고여 있는 무게를
그 누구도 가늠하지 못한다

비에 젖은 산이 한 겹씩
계절의 허물을 벗는다
뿌연 시야에 가리우고
다만 윤곽만 드러낸 산

이 심연 같은 적막에 싸인
비에 젖은 산을 바라본다
깎아지른 절벽도
앙상한 곡선에 눌려버린 채
빗속에 어룽진 시야

아! 지울 수 없는 외로움
적막감을 가르는 빗소리
내 가슴을 긋고 가듯
멈추지 않는 그리움으로 다가온다

나를 에워싼 적막강산이
질척이는 빗속에 저물고 있다

빛바랜 추억의 단상(斷想)

내 유년의 빛바랜 추억의 편린들이
안개처럼 스멀거리며 회상에 잠긴다
내 유년시절 바람이
문풍지를 울리던 동지섣달 밤이면
어머니는 간식거리로 무를 깎아주셨다
배 아픈 나는 무를 간식거리로 자주 먹었다
뒤란 대밭 숲에서 부엉이 울음소리에 놀라
몸을 움츠린 나는 무서워서
이불 속으로 숨느라 정신이 없었다
자정 무렵이면 앞마당에는
금속처럼 반짝이는 무서리가 내리기 시작하면
어머니는 걱정이 앞선다
늦게까지 아버지를 기다리는 어머니의 초조한 눈빛이
촛불처럼 떨리고 있었다
허약한 나는 자주 배가 아파
배를 움켜쥐고 울부짖을 때마다
어머니의 마른 손으로 종잇장처럼
달라붙은 내 배를 쓸어내렸다
나는 그때의 따뜻한 어머니의 온기를 잊을 수 없었다
처마 밑 시래기들이 바람에 몸을 비비는
소리에 긴 겨울밤은 깊어만 갔다

무쇠 낫처럼 살고 싶다

한꺼번에 싸게 사서
함부로 쓰다가 망가지면
쓰레기처럼 내다 버리는
일회용 플라스틱 물건이 아니다
대장간에서 풀무질로 이글거리는 불 속에서
사우나처럼 달구고
망치로 벼르고 숫돌에 갈아서
달빛 같은 서슬이 퍼런 날을 비추어보는
눈빛에 그리움이 걸려 있는
무쇠 낫으로 태어나고 싶다
소나무 자루에서 농부의 땀의 체취가
질퍽하게 누워 있는 그런 무쇠 낫처럼
부끄럼 없는 인생을 살고 싶다
지금까지 살아온 인생이 부끄러워질 때마다
서슬이 퍼런 달빛 같은 칼날을 비추어보는
아버지의 눈빛이 내 마음에 칼날처럼
날이 선다
선운사 해우소에 낮게 걸려서
날벌레들의 길을 가로막는 거미줄 같은 삶이 아니라
수많은 친구들과 대장간 벽에
어깨를 나란히 겯고
당당히 무쇠 낫으로 걸려 있고 싶다

민들레 홀씨

노란머리 흰머리 될 때까지
변치 말자고 서슬이 퍼렇게 맹세한
너의 기개가 부럽다

노란 꽃잎 진 상처마다
허연 혓바닥을
앞다투어 내밀고 있다

점령군 깃발처럼
여기저기
꽂히고 있다

핼쑥한 얼굴로
낮달처럼 세월에 밀려나
하얀 털모자를 흔들면서
세상의 강을 건너고 있다

어느새
나의 사랑 나의 결별
샘터에 물 고이듯
흥건히 젖어 드는 세월의 그림자가
내 귓전을 스쳐 지나간다

이미지의 형상화와 섬세한 시향

이철균(문학평론가)

루이스는 시적 이미지를 "문맥 속에 인간의 정서를 바탕으로 깐 어느 정도의 은유적인 언어를 사용한 다소의 감각적인 회화"라고 정의하고 있다. 예나 지금이나 인간의 정서를 표출해내는 것이 시라고 할 때, 시는 그 표현방법이 직접적이 아니고, 은유와 상징적 방법으로 형성된 이미지를 통하여 간접적으로 나타내는 것을 특징으로 삼고 있다 하겠다. 수많은 감동과 감회 속에서 어떤 것을 어떻게 시적 이미지로 떠올리느냐가 문제이다. 수많은 가슴 속의 정서 가운데서 특수성과 보편성을 동시에 지닌 선명한 이미지를 형성하는 것이 곧 시의 성공과 직결된다.

특히 시인은 진정한 시어 선택과 이미지 형상화로 시의 작품을 한결 돋보이게 하고 있다. 삶의 경륜 속에서 섬세한 감성의 발현이 낮달처럼 은근히 배어 나온다. 시인의 진실된 감정이 살아 숨 쉬는 것이 시를 한층 빛나게 하고 있다.

특히 이 시집에서 주목되는 것은 시인의 시적 관심과

대상의 이미지 형상화로 섬세한 시향이 은근히 풍겨 나오며, 특히 주목되는 것은 시인의 시적 관심과 대상을 서정의 바탕 위에 휴머니즘을 형상화한 점이 차원 높게 승화시키고 있다. 그리움과 기다림, 외로움과 적막감이 여백을 채워주는 내면의 존재감을 무리 없이 나타내고 있다. 시인은 폐교, 허공의 메아리, 세월의 길목에서 등의 시어를 사용하여 소멸과 조락의 내적 공간을 응시하는 자아 침잠(沈潛)의 세계를 추구하고 있다. 이러한 사라지는 것에 대한 시인의 내적 자아를 빈 공간으로 하여 대상을 받아들여 생각과 상념을 구체화하여, 시적 형상화 된 이미지와 그리움 및 고독의 바탕에 짙게 나타나 있다. 시인의 순수성은 자아가 외적 세계를 부드럽게 수용하는 심리적 성향이 새로운 시적 감흥을 높여주고 있다.

재첩을 파는 누나가 있었다
멍에처럼 따라다닌 항아리를 머리에 이고
재첩 국물이
발자국마다 고이는
시간의 간수로 묻어난다

재첩 국물로 얼룩진
항아리를 무슨 보물인 양
머리에 이고 비가 오나 눈이 오나
거리를 누비는 해바라기처럼
목이 휘어진 누나의 생

재첩의 주름살처럼
깊게 파인 가난의 굴레 속을

헤매고 다녔다

항아리에서 재첩이 퉁퉁 불어 오르는 것처럼
누나의 다리가 퉁퉁 부어오를 때마다
파스를 붕대처럼 감은 지난날들의
빛바랜 세월의 그림자가
발목을 질펀하게 적시고 있다

팔다 남은 재첩 국물이
세월의 아픔으로 흥건하게 젖어 들듯
누나의 헐거운 생이
재첩 국물처럼 후줄근하게 절여지고 있다

재첩을 걸러내느라 물살에
휩쓸려 살았던 누나의
질곡 같은 삶이
물 위에 질척이며 젖어 들고 있다

—「재첩 파는 누나」 전문

시인이 누나에 대한 시적 대상에서 부드럽고 따뜻한 정감을 느낄 수 있다. 누나와 재첩에 얽힌 아련한 추억을 되새겨보는 것에 그치지 않고, 가난의 굴레 속을 헤매고 다닌 누나의 삶이 진솔하고 심도 있게 나타내주고 있다. 누나에 대한 친근감은 바로 그 당시의 삶이 누나에 대한 것으로 직접 연결되어 있기 때문에 더 생생하게 체험으로 시를 형상화할 수 있었다고 본다.

재첩 항아리를 머리에 이고 비가 오나, 눈이 오나 거리를 누비는 해바라기처럼 목이 휘어진 누나가 생계를 짊어진 고달픈 모습 속에서 공감과 연민의 정이 느껴지는 표현을 은유나 상징 등으로 형상화된 이미지를 통하여 간접적으로 나타내고 있다.

"재첩을 걸러내느라 물살에/ 휩쓸려 살았던 누나의/ 질곡 같은 삶이/ 물 위에 질척이며 젖어 들고 있다"라는 표현은 재첩을 걸러내느라 물살에 휩쓸려 살았던 누나의 질곡 같은 삶을 통하여 마음 한쪽이 아려오면서 촉촉하게 젖어 드는 심정이 애끓는 마음으로 형상화한 점이 돋보인다.

남자도 하기 어려운 일인데 강물의 모래 속에서 재첩을 걸러내느라 거친 물살에 휩쓸려 살았던 누나의 치열한 삶이 절실하고도 애절하게 가슴을 촉촉이 적셔주는 시인의 마음속에 누나를 그리워하는 심정이 북받치고 애끓는 마음을 무리 없이 표현하므로 타인들의 공감대를 흡인시켜준 것이 시인의 시로 승화시키는 자세와 솜씨가 특이하다.

재첩 항아리를 머리에 이고, 이 골목 저 골목을 누비면서 재첩을 파는 누나는 어쩌면 우리의 어머니의 가슴에 묻혀 있는 질곡 같은 가난의 멍에를 짊어진 절실하고도 애절한 모정을 통하여 세상을 바라보는 넓은 안목과 고통을 희망으로 녹여내는 용광로 같은 가슴과 서정의 바탕 위에 진실한 체험에서 우러나오는 뜨거운 영혼의 소리를 통하여 우리의 가슴을 적셔주는 작품으로 남을 것이다.

간판이 낡아 안개 같은 희미한
흔적을 붙들고 있다

초점 흐린 불빛이 새어 나온다
후줄근한 세월의 얼룩진 편린들이
질퍽하게 스며든다
굵은 주름으로 뒤덮인 마른 모래 같은 손으로
내 더벅머리를 벅벅 긁어 주던 곳
구정물 같은 흐린 유년의 기억들이
그리움으로 묻어난다
빛바랜 물건들이 세월에 밀려난 낮달처럼
시간을 베고 누워있다
벽에 걸린 야한 그림을 곁눈질로 훔쳐보다가
서로 들켜 벌린 입을 다물지 못한 사나이들의
웃음을 흘리던 곳
값싼 향수 냄새에 절인 코를 연신 벌름거린다
어머니께서 들에 나가 일을 하시는 아버지께
점심때를 알리기 위하여
굴뚝에 연기를 모락모락 피우듯
정겨운 풍경이 되살아난다
세월의 빛바랜 더께가 점령군 깃발처럼
여기저기 자리를 넓혀가고 있다

—「오래된 이발소에 가면」 전문

이 시는 과거 농촌에 있었을 법한 풍경이 눈에 선하다. 동네 이발소를 소재로 공간을 삼고 있다. 시인은 과거의 기억을 회상하면서 평범한 공간을 재생하고 있다. 우선 그곳이 과거의 자신의 경험을 상기 시켜 시로 창작하고 있다. 근대적 풍물에 대한 호감과 단순성이

다시 이 시대에서 독자들에게 친근감을 주고 있다.

간판이 낡아 안개 같은 희미한 흔적을 붙들고 있고, 또 초점 흐린 불빛이 새어 나오는 풍경을 상상만 해도 정겨운 느낌이 살포시 다가온다. 후줄근한 세월의 얼룩진 편린들이 질펵하게 스며드는 오래된 이발소의 진풍경을 엿볼 수 있다. 오래된 이발소에 가면 모든 것들이 낡고 오래된 물건들이 세월에 질펵하게 절여진 것을 알 수 있다. 즉 세월의 더께를 베고 있는 물건들이 이미 낡거나 사라져가는 것을 보는 시인의 눈길은 주로 지난 경험을 반추하는 그의 특성에 비추어볼 때 쉽게 눈에 띄는 만큼 흔히 볼 수 있는 것들을 시로 형상화했다. 굵은 주름으로 뒤덮인 마른 모래 같은 손으로 내 더벅머리를 벅벅 긁어 주던 곳에서 시인의 추억 속에서 삶의 긍정적 의미를 환기시키는 계기가 되어왔음을 알 수 있다.

이 시에는 굵은 주름으로 뒤덮인 마른 모래 같은 이발사의 손에 대한 체험을 편안하고 쉬운 말로 나타내어 시를 읽는 사람마다 느낌이 잘 전달할 수 있는 모티브를 형성하고 있다.

이발소에 흔히 "벽에 걸린 야한 그림을 곁눈질로 훔쳐보다가/ 서로 들켜 벌린 입을 다물지 못한 사나이들의/ 웃음을 흘리던 곳"이라는 표현에서 시골 소년의 눈에 비친 야한 그림은 초상화 이거나 사진이 아니었겠는가.

어쩌면 여인의 나체를 그린 명화였을지도 모를 일이다. 시골 소년의 눈에 비친 야한 그림이라는 것은 그 당시의 폐쇄적인 사고에 비추어볼 때 여인의 그림은 분명하다. 단순한 짐작으로 생각해보면, 흔히 달력이

나 여인의 모습이 걸려 있는 이발소 풍경을 묘사하는 데 초점이 있다. 흔히 오래된 이발소에 가면 이발이 끝나면 머리에 뿌려주는 스프레이나 "값싼 향수 냄새에 절인 코를 연신 벌름거린다"는 표현이 독자들의 공감대를 불러오게 한다. 값비싼 화장품이 아니라, 값싼 화장품 냄새에 절인 욕망의 코를 연신 벌름거리는 표현은 추억의 의미를 잘 설명해 주고 있다.

구정물 같은 흐린 나의 유년의 기억이 그리움으로 묻어나는 곳에서, 흐린 나의 유년의 기억을 재생시켜주는 공간이 이발소이다. 이발소에서 어릴 때 경험과 기억이 그리움으로 다가오는 과거 체험의 시간으로 말미암아 그가 포함된 밝고 건강한 삶의 풍경이라고 생각된다. 비록 오래된 기억이 구정물같이 흐릿한 경험을 반추하여 시로 형상화하는 면에서 특이하다고 생각된다.

어머니께서 들에 나가 일을 하시는 아버지께 점심때를 알리기 위하여 굴뚝에 연기를 모락모락 피우듯, 이발소에 가면 정겨운 풍경이 되살아난다고 했다. 이발소는 시인의 추억 속에서 삶의 긍정적 의미를 환기 시켜 주는 계기가 되어 왔음을 엿볼 수 있고, 또 정겨운 풍경을 보듯 시인이 이발소 공간으로 말미암아 이 시에서 세세한 체험의 결을 매만지며 정겨운 풍경이라는 창작 주제의 따뜻한 손길이 묻어 있다.

> 뜬눈으로 온밤을 지새우며
> 목놓아 불러도 불러도 대답 없는 메아리만
> 허공을 맴돌 뿐이다

부르다 부르다 지친 넋들이여
가슴에 사무친 한(恨)을
누가 달래줄 것인가

땅이 꺼지고 하늘이 무너지는 슬픔의 절규가
썰물처럼 가슴을 훑고 지나간다
어린 꽃봉오리들을 앗아간 퍼런 바닷물을
바라볼 때마다 가슴 한쪽이 시려온다

퍼런 원한을 가슴에 품고
애타게 부르짖는
애절한 절규가 들리지 않는가

어린 꽃봉오리들이 흘린 눈물이
팽목항 맹골수로에 밀물처럼 밀려올 때마다
그리움에 가슴이 사무치고 있다

뒤틀리고 갈라진 목줄기를 움켜잡고
피고름 짜듯 괴로워하는 세월의 얼룩진 아픔이
질척이는 비처럼 흥건히 젖어 들고 있다

뭉크덩한 핏덩이를 꾹꾹 누르면서
뒷목덜미가 서늘해지도록 울음을 토하는
울음소리가 우묵한 가슴에 옹이처럼
군데 군데 섬이 되어 괴롭힌다

가슴속에서 불덩이 같은 아픔이
목구멍으로 치밀어 올라올 때마다

얼굴이 시뻘겋게 달아오르고
부글부글 끓어서 치솟는 불기둥 같은 한(恨)을
땅을 치면서 목놓아 울부짖는 울음으로
마음의 응어리를 되새김질하듯
삭이고 또 삭인다

—「허공의 메아리」 전문

통한의 진도 앞바다 팽목항 맹골수로에서 바닷속으로 꼬꾸라지는 세월호로 수많은 꽃다운 학생들이 희생되었다. 가슴에 사무친 한을 누가 달래줄 것인가. 어른들의 잘못으로 수많은 학생들이 흘린 눈물이 파도가 되어 팽목항 맹골수로에 밀물처럼 밀려오고 있다. 학생들을 앗아간 바닷물을 바라볼 때마다 가슴 한쪽이 시려오고 한으로 응어리진 마음을 "목놓아 불러도 불러도 대답 없는 메아리만/ 허공을 맴돌 뿐이다. 땅이 꺼지고 하늘이 무너지는 슬픔"이 가슴을 파고들 만큼 애절한 절규에 몸부림치고 있는 모습이 눈에 선하게 얼비친다. 뒤틀리고 갈라진 목줄기를 움켜잡고 피고름 짜듯 괴로워하는 세월의 얼룩진 아픔이 질척이는 비처럼 흥건히 젖어 드는 슬픔을 현실에서 억압당하는 사람을 살려내려는 순수성과 그것을 짓밟는 인간의 관계를 삶의 표현들로 병치시킴으로써 슬픔의 관계로 나아가 긴장감으로 활성화시키고 있다.

이상과 같은 병치와 삽입의 형식은 시인이 현실에 대하여 의식적 활동을 시로 표면화시키는 방법으로서의 하나의 형식이다. 시인으로 하여금 한의 응어리를 시로 나타내도록 하는 기저 동기와 그 기저 동기의 즉자성 즉 직접적인 감수성보다 의의 있는 시를 끌어올리려는 시적 방법 즉 비유, 이미지의 형성이 시로서 실현되는 방법이 특이하다. 달리 말하면 그것은 인간의 삶의 원초적 슬픔에 대한 인식과 그것을 극복하려는 인간의 의지와 시적 노력이 마침내 한 언어 구성체로 실행된 시의 형식이 두드러져 있다.

시적 변형의 활동이 인간의 동질성과 대립성의 확인을 통해 이미지의 변환에 의해 한의 응어리진 슬픔의 분위기를 치유 환기시키는 것으로, 그것이 표면화로서의 상황과 감정의 진술과 분위기를 환치 또는 병치 삽입의 형식의 과정은 시를 기저 동기의 원초적 감수성에 머물러 있게 하지 않고, 그것을 새로운 정서로의 도약을 마련하고 수행하려는 의지와 실현시키는 과정을 차원 높게 승화시켜 주고 있다.

가슴속에서 응어리진 아픔이 목구멍으로 치밀어 올라올 때마다 얼굴이 시뻘겋게 달아오르고, 부글부글 끓어 치솟는 불기둥으로 땅을 치면서 목놓아 울부짖는 울음으로 되새김질하듯 삭이고 또 삭인다는 것처럼, 원한과 슬픔으로 멍든 가슴이 감정 속에 빠져들어 삶을 체념 탄식으로 단순한 원한을 표출하는 것이 아니라, 감정의 환기와 절제를 통하여 감정을 현실의 본질적 의미를 추적하여 현실로부터 벗어나려는 능동적인 삶의 자리를 마련해주기 위하여 슬픔을 딛고 치유의 삶이 되도록 시를 표현하는 힘이 역동적으로 나타나 있다.

한민족의 공통된 정서는 태초로부터 존재하는 보편적 민족성의 한 부분으로서가 아니라, 유사 이래 단속적으로 이어진 외세의 침략 근대 이후 지속되어온 제국주의 침략과 그 이데올로기에 종족, 그리고 현대에 이르기까지 구체적인 평등과 자유의 체험을 겪어보지 못한 역사적 불신의 연속으로부터 첩첩이 누적되어온 한과 슬픔으로 원한이 우리의 가슴에 응어리진 슬픔을 이 시가 출발점으로 삼고 있기 때문에 그 정서 표현을 적절하게 해내고 있어서 시를 한층 가슴 깊게 울림을 주고 있다.

“부르다가 부르다가 지친 넋들이여/ 가슴에 사무친 한(恨)을/ 누가 달래줄 것인가”라는 표현에서 시를 읽는 이마다 가슴을 흥건하게 적셔주는 슬픔으로 물들게 하고 있다. 가슴을 슬픔으로 물들게 하는데 그치는 것이 아니고 슬픔을 되새김질하여 삭이고 삭여서 새로운 희망의 계기를 마련하려는 의지를 엿보인 시의 작품이 한결 돋보여주고 있다.

등이 굽은 할머니처럼
마당 구석에 쭈그리고 앉아있다

움푹 파인 흉터 같은 싸늘한
세월의 아픔이 앓아누워있다

칼을 갈 때마다 허기진 배를
물로 달래느라 질퍽한 눈물로
얼룩진 아픔이 축축이 스며있다

무딘 칼날에 몸이 닳고 닳아
무늬마저 지워진
싸늘한 돌덩이가 멍에처럼

마음을 짓누른다

아버지의 휑한 눈빛이
그리움으로 걸려있는
등이 굽어 푹 파인 가슴처럼
닳아버린 숫돌 위에
옹이 박인 주름진 손의 체취가
흥건하게 누워있다

—「숫돌」 전문

아버지와 숫돌을 서로 대비 시켜 시적 자아의 내면 의식을 나타내고 있다. 아버지를 그리워하는 애틋한 면이 짙게 깔려 있다. 부모님을 그리워하는 것은 인간 본연인 것을 새삼 깨닫게 해준다. 숫돌을 볼 때마다 아버지를 떠올리게 된다. 아버지가 무딘 칼날을 숫돌에 갈고 있는 모습을 이미지 형성을 통하여 잘 묘사하고 있다. 인간 본성에 대한 민감한 감성을 나타내 보이면서 아버지에 대한 공경과 존엄에 대한 현실의 문제에 대하여 조심스럽지만, 그 나름대로의 비판을 무리 없이 나타내고 있는 것이 이 시의 특징이다.

"칼을 갈 때마다 허기진 배를/ 물로 달래느라 질펵한 눈물로/ 얼룩진 아픔이 축축이 스며있다"라는 표현은 시인의 아버지에 대한 기억과 추억을 주축으로 하여 새로운 시적 감흥을 높여주고 있다. 시인이 아버지를 그리워하는 심정으로 북받치고 애끓는 마음이 얼마나 절실하고도 애절한 부정(父情)을 깨닫고 있는가를 은연중에 내포되어 있다. 아버지의 깊은 삶의 경륜 속에서 시인은 숫돌을 볼 때마다 아버지에 대한 감성이 발현되며, 시인의 순수성과 맑음의 자아가 외적 세계를 부드럽게 수용하여 거기에 동화되어가는 심리적 지향을 지닌다.

아버지의 휑한 눈빛이 그리움으로 걸려 있는 등이 굽어 푹 파인 가슴처럼 닳아버린 숫돌 위에 옹이 박인 주름진 손의 체취가 흥건하게 절여진 숫돌을 통하여 아버지에 대한 공경심이 짙게 깔려 있고, 세상을 바라보는 시인의 넓은 안목과 고통 및 희망을 따뜻한 가슴으로 빚어 올린 섬세한 시향이 묻어나는 작품으로 형상화한 점이 이채롭다.

> 쌀을 씻는다
> 밥솥처럼 속이 시커멓게 탄 사나이에게
> 고독은 밥만으로도 대신할 수는 없다
> 밥을 먹어도 생쌀을 씹어도
> 가슴에 멍이 든 이름을 소리쳐도
> 적막한 고독은 좀처럼 줄어들지 않는다
>
> 식솔이 없어 홀가분하다는 남자
> 술 먹을 돈이 있으면 옷이나 사 입지
> 그게 무슨 꼴이냐고 혀를 차면
> 빨래해 줄 사람도 없는 판에
> 속옷만 입으면 그만이지
> 겉옷이 다 뭐냐고 웃어넘긴다
>
> 흰머리 듬성듬성한 지친 중년의
> 사나이는 밤마다 홀로 베갯머리 껴안고
> 질퍽한 고독에 잠긴다

아! 지울 수 없는 외로움
적막감을 가르는 빗소리
내 가슴을 긋고 가듯 질척이며
고독에 흥건하게 젖어 들고 있다

썰물처럼 빠져나간 빗소리가 어둠을 적시다
아쉬움만 남기고 가버렸다
어디 가는 것이 비뿐이랴
젊음도 사랑도 기회도 한순간인 것을
우리의 인생도 왔다가 가는 비처럼
젖지 않고 가는 삶이 어디 있으랴

엘리엘리라마사박다니
오! 내가 고독의 십자가에
오늘 밤도 못 박힌다

—「쌀 씻는 남자」 전문

현대인은 절망감 가운데 깊은 고독 속에 빠져 있다. 고독은 고향으로부터 이탈에서 타상적, 근본적 고독이며 다른 하나는 도시와 타향에서 폐쇄된 자아들의 군집 속에서 갖는 관계적 고독감이다. 시인이 고향을 떠나 타향에서 외로이 혼자 겪어야 할 고독은 적막하게 온몸을 짓누르고 있다. 그리움과 기다림의 정서적 색채 외로움과 적막감 고독으로 말미암아 내면세계를 적절한 메타포를 통하여 날카롭게 형상화하고 있다. 이러한 고독을 치유할 유토피아를 꿈꾸게 된다. 외로움과 적막감 텅 비어 있는 마음의 여백을 채워주는 존재의 무상감이 지배하는 자연 친화의 관조적 비애감이 배경이 된 생의 허무 인식으로 드러나기도 하고, 혹은 존재의 고절감을 확인하는 세계관의 표출로 나타나기도 한다.

시인의 순수성과 맑음의 자아가 외적 세계를 부드럽게 수요하여 거기에 동화되어가는 심리적 성향이 짙게 깔려 있다. 고독과 고통은 시인의 양식이라고 말한다. 오히려 고독은 현대인의 형이상학적인 주의와 문명의 발달로 절대화된 타향적인 것은, 우리를 아늑하고 편안하게 치유하려는 자아의식이 수반된 고독감을 떠올리게 하는 형상화의 변모는 그의 시적 자아의 내면의식을 근본적으로 바꾸려는 태도의 변화는 아니지만, 심층부를 헤쳐 보여 주는 치열성으로부터 대상과 세계의 존재성에 대한 방향을 바꾸어가는 성향이 두드러진다.

"아! 지울 수 없는 외로움/ 적막감을 가르는 빗소리/ 내 가슴을 긋고 가듯 질척이며/ 고독에 흥건하게 젖어들고 있다" 시인은 비 오는 날과 고독감에 대하여 서정주의적 미학을 추구하되, 감성적이나 감정적 서술을 줄이고 존재의 허무와 고독을 몸으로 체득함으로써 그 시적 발상법의 일대 전환을 모색하지 않을 수 없었다. "어디 가는 것이 비뿐이랴/ 젊음도 사랑도 기회도 한순간인 것을/ 우리의 인생도 왔다가 가는 비처럼/ 젖지 않고 가는 삶이 어디 있으랴" 시인은 아내가 없이 홀로 밤마다 베갯머리 껴안고 질퍽한 고독에 잠긴 사나이의 고독한 마음을 여과 없이 투명하게 나타내고 있다. 시인 스스로 절망감 고독감과 맞서고 마침내 고독감을 통하여 구원에 이르는 과정이 시인이 짊어진

과제임을 깨닫게 의식의 치열성을 보여준다.

"오! 내가 고독의 십자가에/ 오늘 밤도 못 박힌다"라는 것은 인간의 원초적 본능적 감정을 솔직히 고백하고 있는 시인은 존재의 허무에 대한 자각은 영원히 도전하는 자로 남아 있게 하는 힘이 그의 시를 한층 젊음의 에너지로 재충전시키는 원동력이 될 수 있다.

산은 조용히 비에 젖고 있다
빗속에 고여 있는 무게를
그 누구도 가늠하지 못한다

비에 젖은 산이 한 겹씩
계절의 허물을 벗는다
뿌연 시야에 가리우고
다만 윤곽만 드러낸 산

이 심연 같은 적막에 싸인
비에 젖은 산을 바라본다
깎아지른 절벽도
앙상한 곡선에 눌려버린 채
빗속에 어룽진 시야

아! 지울 수 없는 외로움
적막감을 가르는 빗소리
내 가슴을 긋고 가듯
멈추지 않는 그리움으로 다가온다

나를 에워싼 적막강산이
질척이는 빗속에 저물고 있다

—「빗소리에 그리움 싣고」 전문

이 고요한 서정시 「빗소리에 그리움 싣고」에서 보여지는 관조적 자세는 시인의 자아 세계의 형상성을 있는 그대로 받아들여 동화되어가는 모습이다. 자연의 숭고함을 배경으로 쓴 작품이다. 인생의 무상함과 허무함을 존재의 몸으로 느끼고 받아들인 시인의 시적 발상법의 전환을 모색하지 않을 수 없다. 자연의 숭고함을 배경으로 하여 기울어져 가는 소멸의 미학으로 인식되어 나타난다. 감상성이나 감정적 서술을 어느 정도 배제한 존재의 허무를 몸으로 받아들이고 있다. "비에 젖은 산이 한 겹씩/ 계절의 허물을 벗는다" 또는 "적막강산이/ 질척이는 빗속에 저물고 있다"는 표현은 자연의 모습에서 인생을 관조하고 있다. "아! 지울 수 없는 외로움/ 적막감을 가르는 빗소리" 인생의 허무함을 통해서 비가 내리는 풍경을 보면서 깊은 성찰과 넓은 안목으로 고독을 통하여 피안의 세계로 전환하려는 가슴을 지녔다는 것은 더할 수 없는 시적 감흥이다.

자연 친화의 관조적 비애같이 배경이 된 생의 허무 인식으로 드러나기도 하지만, 존재의 절대적 고절감을 확인하는 내적 허정(虛靜)의 세계관이 표출로 나타나기도 한다. 한 폭의 산수화를 보는듯한 시각적 이미지와 청각적 이미지를 살려 감성을 높이는 구심점 역할을 한다.

빗소리에 그리움을 싣고 오는 풍경 속에서 인생에

대한 깊은 성찰과 경건한 마음이 내면에 짙게 깔려 있는 시적 표현 기법과 시의 구사 능력으로 인생의 내면 세계를 심도 있게 그려내고 있다.

지금까지 양경한 시인의 시세계를 모색해 보았다. 우리에게 『허공의 메아리』는 독특한 방식으로 표출된 시의 필력을 보았다. 지면 관계로 하고 싶은 말을 다 할 수 없음이 유감이지만, 또 한편으로는 지금까지 두서없이 써 내려온 글이 귀한 양경한 시인의 작품에 흠이 되지는 않을까 은근히 걱정이 앞선다.

아무튼 등단 40여 년에 양경한 시인의 12번째 시집 『허공의 메아리』가 처음부터 끝까지 이미지의 형상화로 섬세한 시향이 짙게 깔려 있을 뿐 아니라, 시적 이미지가 시의 주제와 조화를 잘 이루고 있다. 또한 시의 작품이 신선하며 독창적이고, 감각적 체험을 재생 시켜 비유법이나 상징법 메타포의 역동적으로 결합된 작품이 돋보이고 있다.

시인의 시적 관심과 대상은 서정의 이미지를 바탕으로 휴머니즘을 차원 높게 승화시킨 점이 이색적이다. 그리움과 기다림의 정서적 외로움과 고독감, 적막감이 마음의 여백을 채워주는 존재의 무상함을 배경으로 하고 있다. 진실된 체험에서 빚어 올린 서정과 이미지 형상화를 통하여 양경한 시인의 시 작품에 대한 재치와 창작력에 힘찬 박수를 보낸다. 앞으로 양경한 시인의 앞날에 무한한 영광과 시심이 풍성하기를 진심으로 빈다.

문학세계대표작가선 919

허공의 메아리

양경한 제12시집

인쇄 1판 1쇄 2020년 4월 23일
발행 1판 1쇄 2020년 4월 30일

지 은 이 : 양경한
펴 낸 이 : 김천우
펴 낸 곳 : 도서출판 천우
등 록 : 1992. 2. 15. 제1-1307호
주 소 : 서울시 성동구 무학봉28길 6 금용빌딩 2F
전 화 : 02)2298-7661
팩 스 : 02)2298-7665
http://moonhak.wla.or.kr
E-mail : chunwo@hanmail.net

값 15,000원

ISBN 978-89-7954-806-8

이 도서의 국립중앙도서관 출판예정도서목록(CIP)은 서지정보유통지원시스템 홈페이지(http://seoji.nl.go.kr)와 국가자료공동목록시스템(http://www.nl.go.kr/kolisnet)에서 이용하실 수 있습니다. (CIP제어번호: CIP2020015266)